C.

GABRIEL LAMBERT

ALEXANDRE DUMAS

I

LE FORÇAT.

J'étais vers le mois de mai de 1835 à Toulon.

J'y habitais une petite bastide qu'un de mes amis avait mise à ma disposition.

Cette bastide était située à cinquante pas du fort Lamalgue, juste en face de la fameuse redoute qui vit, en 1793, surgir la fortune ailée de ce jeune officier d'artillerie qui fut d'abord le général Bonaparte, puis l'empereur Napoléon.

Je m'étais retiré là dans l'intention louable de travailler. J'avais dans la tête un drame bien intime, bien sombre, bien terrible, que je voulais faire passer de ma tête sur le papier.

Ce drame si terrible c'était le *Capitaine Paul*.

Mais je remarquai une chose : c'est que pour le travail profond et assidu, il faut les chambres étroites, les murailles rapprochées, et le jour éteint par des rideaux de couleur sombre. Les vastes horizons, la mer infinie, les montagnes gigantesques, surtout lorsque tout cela est baigné de l'air pur et doré du Midi; tout cela vous mène droit à la contemplation, et rien mieux que la contemplation ne vous éloigne du travail.

Il en résulte qu'au lieu d'exécuter *Paul Jones*, je rêvais *Don Juan de Marana*.

La réalité tournait au rêve, et le drame à la métaphysique. Je ne travaillais donc pas, du moins le jour.

Je contemplais, et je l'avoue, cette Méditerranée d'azur, avec ses paillettes d'or, ces montagnes gigantesques belles de leur terrible nudité, ce ciel profond et morne à force d'être limpide.

Tout cela me paraissait plus beau à voir que ce que j'aurais pu composer ne me paraissait curieux à lire.

Il est vrai que la nuit, quand je pouvais prendre sur moi de fermer mes volets aux rayons tentateurs de la lune; quand je pouvais détourner mes regards de ce ciel tout scintillant d'étoiles; quand je pouvais m'isoler avec ma propre

OEUV. COMP.—XII.

pensée, je ressaisissais quelque empire sur moi-même. Mais comme un miroir, mon esprit avait conservé un reflet de ses préoccupations de la journée, et, comme je l'ai dit, ce n'étaient plus des créatures humaines avec leurs passions terrestres qui m'apparaissaient, c'étaient de beaux anges qui, à l'ordre de Dieu, traversaient d'un coup d'aile ces espaces infinis; c'étaient des démons proscrits et railleurs, qui, assis sur quelque roche nue, menaçaient la terre; c'était enfin une œuvre comme la *Divine Comédie*, comme le *Paradis perdu* ou comme *Faust*, qui demandait à éclore, et non plus une composition comme *Angèle* ou comme *Antony*.

Malheureusement je n'étais ni Dante, ni Milton, ni Goëthe.

Puis, tout au contraire de Pénélope, le jour venait détruire le travail de la nuit.

Le matin arrivait. J'étais réveillé par un coup de canon. Je sautais en bas de mon lit.

J'ouvrais ma fenêtre, des torrents de lumière envahissaient ma chambre, chassant devant eux tous les pauvres fantômes de mon insomnie, épouvantés de ce grand jour. Alors je voyais s'avancer majestueusement hors de la rade quelque magnifique vaisseau à trois ponts, le *Triton* ou le *Montebello* qui, juste devant ma villa, comme pour ma récréation particulière, venait faire manœuvrer son équipage ou exercer ses artilleurs.

Puis il y avait les jours de tempête, les jours où le ciel si pur se voilait de nuages sombres, ou cette Méditerranée si azurée devenait couleur de cendre, ou cette brise si douce se changeait en ouragan.

Alors le vaste miroir du ciel se ridait, cette surface si calme commençait à bouillir comme au feu de quelque fournaise souterraine. La houle se faisait vague, les vagues se faisaient montagnes. La blonde et douce Amphitrite, comme un géant révolté, semblait vouloir escalader le ciel, se tordant les bras dans les nuages, et hurlant de cette voix puissante qu'on n'oublie pas une fois qu'on l'a entendue.

Si bien que mon pauvre drame s'en allait de plus en plus en lambeaux.

46

Je déplorais un jour cette influence des objets extérieurs sur mon imagination devant le commandant du port, et je déclarais que j'étais tellement las de réagir contre ces impressions, et je m'avouais vaincu, qu'à partir du lendemain j'étais parfaitement décidé, tout le temps que je resterais à Toulon, à ne plus faire que de la vie contemplative.

En conséquence, je lui demandai à qui je pourrais m'adresser pour louer une barque : une barque étant la première nécessité de la nouvelle existence que, dans sa victoire sur la matière, l'esprit me forçait d'adopter.

Le commandant du port me répondit qu'il songerait à ma demande et qu'il aviserait à y satisfaire.

Le lendemain, en ouvrant ma fenêtre, j'aperçus à vingt pas au-dessus de moi, se balançant près du rivage, une charmante barque, pouvant marcher à la fois à la rame et à la voile, et montée par douze forçats.

Je réfléchissais à part moi que c'était justement là une barque comme il m'en faudrait une, lorsque le garde-chiourme, m'apercevant, fit aborder le canot, sauta sur le rivage, et s'achemina vers la porte de ma bastide.

Je m'avançai au devant de l'honorable visiteur.

Il tira un billet de sa poche et me le remit.

Il était conçu en ces termes :

« Mon cher métaphysicien,

« Comme il ne faut pas détourner les poëtes de leur vocation, et que jusqu'à présent vous vous étiez, à ce qu'il paraît, mépris sur la vôtre, je vous envoie la barque demandée; vous pourrez, tout le temps que vous habiterez Toulon, en disposer depuis l'ouverture jusqu'à la fermeture du port.

« Si parfois vos yeux, lassés de contempler le ciel, tendaient à redescendre sur la terre, vous trouverez autour de vous douze gaillards qui vous ramèneront facilement, et par leur seule vue, de l'idéal à la réalité.

« Il va sans dire qu'il ne faut laisser traîner devant eux ni vos bijoux, ni votre argent.

« La chair est faible, comme vous savez, et comme un vieux proverbe dit « Qu'il ne faut pas tenter Dieu, » à plus forte raison ne faut-il pas tenter l'homme, surtout quand cet homme a déjà succombé à la tentation.

« Tout à vous. »

J'appelai Jadin, et je lui fis part de notre bonne fortune. A mon grand étonnement, il ne reçut pas la communication avec l'enthousiasme auquel je m'attendais : la société dans laquelle nous allions vivre lui paraissait un peu mêlée.

Cependant, comme après un coup d'œil jeté sur notre équipage il aperçut, sous les bonnets rouges dont elles étaient ornées, quelques têtes à caractère, il prit assez philosophiquement son parti, et, faisant signe à nos nouveaux serviteurs de ne pas bouger, il porta une chaise sur le rivage, et, prenant du papier et un crayon, il commença un croquis de la barque et de son terrible équipage.

En effet, ces douze hommes qui étaient là, calmes, doux, obéissans, attendant nos ordres et cherchant à les prévenir, avaient commis chacun un crime :

Les uns étaient des voleurs ; les autres, des incendiaires ; les autres, des meurtriers.

La justice humaine avait passé sur eux; c'étaient des êtres dégradés, flétris, retranchés du monde : ce n'étaient plus des hommes, c'étaient des choses ; ils n'avaient plus de noms, ils étaient des numéros.

Réunis, ils formaient un total : le total était cette chose infâme qu'on appelle le bagne.

Décidément le commandant du port m'avait fait là un singulier cadeau.

Et cependant je n'étais pas fâché de voir de près ces hommes, dont le titre seul, prononcé dans un salon, est une épouvante.

Je m'approchai d'eux, ils se levèrent tous et ôtèrent vivement leur bonnet.

Cette humilité me toucha.

—Mes amis, leur dis-je, vous savez que le commandant du port vous a mis à mon service pour tout le temps que je resterai à Toulon ?

Aucun d'eux ne répondit, ni par un mot, ni par un geste.

On eût dit que je parlais à des hommes de pierre.

» J'espère, continuai-je, que je serai content de vous ; quant à vous, soyez tranquilles, vous serez contens de moi. »

Même silence.

Je compris que c'était une chose de discipline.

Je tirai de ma poche quelques pièces de monnaie, que je leur offris pour boire à ma santé, mais pas une seule main ne s'étendit pour les prendre.

—Il leur est défendu de rien recevoir, me dit le garde-chiourme.

—Et pourquoi cela ? demandai-je.

—Ils ne peuvent avoir d'argent à eux.

—Mais vous, dis-je, ne pouvez-vous leur permettre de boire un verre de vin, en attendant que nous soyons prêts ?

—Ah ! pour cela, parfaitement.

—Eh bien ! faites venir à déjeuner de la guinguette du Fort, je paierai.

—Je l'avais bien dit au commandant, fit le garde-chiourme en secouant d'un même mouvement la tête et les épaules, je l'avais bien dit que vous me les gâteriez....

» Mais enfin, puisqu'ils sont à votre service, il faut bien qu'ils fassent ce que vous voulez....

« Allons, Gabriel.... un coup de pied jusqu'au fort Lamalgue.... Du pain, du vin et un morceau de fromage.

—Je suis au bagne pour travailler et non pour faire vos commissions, répondit celui auquel cet ordre était adressé.

—Ah ! c'est juste, j'oubliais que tu es trop grand seigneur pour cela, monsieur le docteur ; mais comme il s'agissait de ton déjeuner aussi bien que de celui des autres....

—J'ai mangé ma soupe, et je n'ai pas faim, répondit le forçat.

—Excusez....

« Eh bien ! Rossignol ne sera pas si fier.... Va, Rossignol, va, mon fils. »

En effet, la prédiction du vénérable argousin se réalisa. Celui auquel il adressait la parole, et qui sans doute devait son nom à l'abus qu'il avait fait de l'instrument ingénieux à l'aide duquel on est parvenu à remplacer la clef absente, se leva, et traînant après lui son camarade, car, ainsi qu'on le sait, tout homme au bagne est rivé à un autre homme, il s'achemina vers le cabaret qui avait l'honneur de nous alimenter.

Pendant ce temps je jetai un coup d'œil sur le récalcitrant, dont la réponse médiocrement respectueuse n'amenait, à mon grand étonnement, aucune suite fâcheuse ; mais il avait la tête tournée de l'autre côté, et, comme il gardait cette position avec une persévérance qui semblait le résultat d'un parti pris, je ne pus le voir.

Cependant je le remarquai à ses cheveux blonds et à ses favoris roux.... Je rentrai dans la bastide en me promettant de l'examiner dans un autre moment.

J'avoue que la curiosité que j'éprouvais à l'endroit de mon répondeur me fit hâter le déjeuner.

Je pressai Jadin, qui ne comprenait rien à mon impatience, et je revins au bord de la mer.

Nos nouveaux serviteurs n'étaient pas si avancés que nous. Du vin du fort Lamalgue, du pain blanc et du fromage formaient pour eux un extra auquel ils n'étaient point habitués, et ils prolongeaient leur repas en le savourant.

Rossignol et son compagnon surtout paraissaient apprécier au plus haut degré cette bonne fortune.

Ajoutons que le garde-chiourme, de son côté, s'était humanisé au point de faire comme ses subordonnés : seulement ses subordonnés avaient une bouteille pour deux, tandis que lui avait deux bouteilles pour un.

Quant à celui que l'argousin avait désigné sous le nom poétique de Gabriel, sans doute son compagnon de boulet, qui n'avait pas voulu renoncer au repas, l'avait forcé de s'asseoir avec les autres ; mais, toujours en proie à son accès de misanthropie, il les regardait dédaigneusement manger sans toucher à rien.

En m'apercevant, tous les forçats se levèrent, quoique, comme je l'ai dit, leur repas ne fût point achevé ; mais je leur fis signe de finir ce qu'ils avaient si bien commencé, et que j'attendrais.

Il n'y avait plus moyen pour celui que je voulais voir d'éviter mes regards.

Je l'examinai donc tout à mon aise, quoiqu'il eût évidemment rabattu son bonnet jusque sur ses yeux pour échapper à cet examen.

C'était un homme de vingt-huit à trente ans à peine ; au contraire de ses voisins, sur la rude physionomie desquels il était facile de lire les passions qui les avaient conduits où ils étaient, lui avait un de ces visages effacés dont, à une certaine distance, on ne distingue aucun trait.

Sa barbe, qu'il avait laissé pousser dans tout son développement, mais qui était rare et d'une couleur faussé, ne parvenait pas même à donner à sa physionomie un caractère quelconque.

Ses yeux, d'un gris pâle, erraient vaguement d'un objet à l'autre sans s'animer d'aucune expression ; ses membres étaient grêles et semblaient n'avoir été destinés par la nature à aucun travail fatigant ; le corps auquel ils s'attachaient ne paraissait capable d'aucune énergie physique.

Enfin, des sept péchés capitaux qui recrutent sur la terre au nom de l'ennemi du genre humain, celui sous la bannière duquel il s'était enrôlé devait être évidemment la paresse.

J'eusse donc détourné bien vite mes regards de cet homme, qui, j'en étais certain, ne pouvait m'offrir pour étude qu'un criminel de second ordre, si un vague ressouvenir n'avait murmuré à ma mémoire que je ne voyais pas cet homme pour la première fois.

Malheureusement, comme je l'ai dit, c'était une de ces physionomies dans lesquelles rien ne frappe, et qui, à moins de raisons particulières, ne peuvent produire en passant devant nous aucune impression.

Tout en demeurant convaincu que j'avais déjà vu cet homme, ce que sa persistance à fuir mes regards me démontrait encore, il m'était donc impossible de me rappeler où et comment je l'avais vu.

Je m'approchai du garde-chiourme, et lui demandai le nom de celui de mes convives qui faisait si mal honneur à mon repas.

Il s'appelait Gabriel Lambert.

Ce nom n'aidait en rien à ma mémoire : c'était la première fois que je l'entendais prononcer.

Je crus que je m'étais trompé, et, comme Jadin apparaissait sur le seuil de notre villa, j'allai au-devant de lui.

Jadin apportait nos deux fusils, notre promenade n'ayant pas d'autre but ce jour-là que de faire la chasse aux oiseaux de mer.

J'échangeai quelques paroles avec Jadin ; je lui recommandai d'examiner avec attention celui qui était l'objet de ma curiosité.

Mais Jadin ne se rappelait aucunement l'avoir vu, et, comme à moi, ce nom de Gabriel Lambert lui était parfaitement étranger.

Pendant ce temps nos forçats venaient d'achever leur collation, et se levaient pour reprendre leur poste dans la barque ; nous nous en approchâmes à notre tour.

Et comme, pour l'atteindre, il fallait sauter de rochers en rochers, le garde-chiourme fit un signe à ces malheureux,

qui entrèrent dans la mer jusqu'aux genoux, afin de nous aider dans le trajet.

Mais je remarquai une chose, c'est qu'au lieu de nous offrir la main pour point d'appui, comme auraient fait des matelots ordinaires, ils nous présentaient le coude.

Était-ce une consigne donnée d'avance ?

Était-ce dans cette humble conviction que leur main était indigne de toucher la main d'un honnête homme ?

Quant à Gabriel Lambert, il était déjà dans la barque avec son compagnon, à son poste accoutumé, et tenant son aviron à la main.

II.

HENRY DE FAVERNE.

Nous partîmes ; mais, quel que fût le nombre de mouettes et de goélands qui voltigeaient autour de nous, mon attention était attirée vers un seul but. Plus je regardais cet homme, plus il me semblait que, dans des jours assez rapprochés, il s'était d'une façon quelconque mêlé à ma vie.

Où cela ? comment cela ? voilà ce que je ne pouvais me rappeler.

Deux ou trois heures se passèrent dans cette recherche obstinée de ma mémoire, mais sans amener aucun résultat.

De son côté, le forçat paraissait tellement préoccupé d'éviter mon regard, que je commençai à être peiné de l'impression que ce regard paraissait produire sur lui, et que je m'attachai à essayer de penser à autre chose,

Mais on connaît l'exigence de l'esprit lorsqu'il veut s'attacher à un homme ; malgré moi, j'en revenais toujours à cet homme.

Et, chose qui m'affermissait encore dans cette conviction que je ne me trompais pas, c'est que, chaque fois qu'après avoir détourné les yeux de dessus lui j'avais pris sur moi de les fixer d'un autre côté et que je me retournais vivement vers cet homme, c'était lui à son tour qui me regardait.

La journée s'écoula ainsi : deux ou trois fois nous prîmes terre. J'étais occupé à cette époque à coordonner les derniers événemens de la vie de Murat, et une partie de ces événemens s'était passée sur les lieux mêmes où nous nous trouvions ; tantôt c'était un dessin que je désirais que Jadin prît pour moi, tantôt c'était une simple investigation des lieux que je voulais faire.

A chaque fois je m'approchais du garde-chiourme avec l'intention de l'interroger ; mais à chaque fois je rencontrais le regard de Gabriel Lambert si humilié, si suppliant, que je remis à un autre moment l'explication que je voulais demander.

A cinq heures de l'après-midi nous rentrâmes.

Comme le reste de la journée devait être pris par le dîner et par le travail, je congédiai mon garde-chiourme et sa troupe, en lui donnant rendez-vous pour le lendemain matin à huit heures.

Malgré moi, je ne pus penser à autre chose qu'à cet homme. Il nous est arrivé parfois à tous de chercher dans notre souvenir un nom qu'on ne peut retrouver, et cependant ce nom on l'a parfaitement su. Ce nom fuit pour ainsi dire devant la mémoire ; à chaque instant on est prêt à le prononcer, on en a le son dans l'oreille, la forme dans la pensée ; une lueur fugitive l'éclaire, il va sortir de notre bouche avec une exclamation, puis tout à coup ce nom échappe de nouveau, s'enfonce plus avant dans la nuit, arrive à disparaître tout à fait ; si bien qu'on se demande si ce n'est point en rêve qu'on a entendu ce nom, et qu'il semble qu'en s'acharnant davantage à sa poursuite l'esprit va se perdre lui-même dans l'obscurité, et toucher aux limites de la folie.

Il en fut ainsi de moi pendant toute la soirée et pendant une partie de la nuit.

Seulement, chose plus étrange encore, ce n'était pas un nom, c'est-à-dire une chose sans consistance, un son sans corps, qui me fuyait : c'était un homme que j'avais eu cinq ou six heures sous les yeux, que j'avais pu interroger du regard, que j'aurais pu toucher de la main.

Cette fois, au moins, je n'avais pas de doute : ce n'était ni un rêve que j'avais fait, ni un fantôme qui m'était apparu.

J'étais sûr de la réalité.

J'attendis le matin avec impatience.

Dès sept heures, j'étais à ma fenêtre pour voir venir la barque.

Je l'aperçus qui sortait du port pareille à un point noir, puis à mesure qu'elle s'avançait sa forme devint plus distincte.

Elle prit d'abord l'aspect d'un grand poisson qui nagerait à la surface de la mer ; bientôt les avirons commencèrent à devenir visibles, et le monstre parut marcher sur l'eau à l'aide de ses douze pattes.

Puis on distingua les individus, puis les traits de leur visage.

Mais, arrivé à ce point, je cherchai vainement à reconnaître Gabriel Lambert ; il était absent, et deux nouveaux forçats l'avaient remplacé, lui et son compagnon.

Je courus jusqu'au rivage.

Les forçats crurent que j'avais hâte de m'embarquer, et sautèrent à l'eau afin de faire la chaîne ; mais je fis signe à leur gardien de venir seul me parler.

Il vint : je lui demandai pourquoi Gabriel Lambert n'était point avec les autres.

Il me répondit qu'ayant été pris pendant la nuit d'une fièvre violente, il avait demandé à être exempté de son service ; ce qui, sur le certificat du médecin, lui avait été accordé.

Pendant que je parlais au garde-chiourme, par-dessus l'épaule duquel je pouvais voir la barque et les hommes qui la montaient, un des forçats sortit une lettre de sa poche et me la montra.

C'était celui qu'on avait désigné sous le nom de Rossignol.

Je compris que Gabriel avait trouvé le moyen de m'écrire, et que Rossignol s'était chargé d'être son messager.

Je répondis par un signe d'intelligence au signe qu'il m'avait fait, et je remerciai le gardien.

— Monsieur désirerait-il lui parler ? me demanda-t-il ; en ce cas, malade ou non, je le ferais venir demain.

— Non, répondis-je ; mais sa figure m'avait frappé, et, ne le voyant pas aujourd'hui au milieu de ses camarades, je m'informais des causes de son absence. Il me semble que cet homme est au-dessus de ceux avec lesquels il se trouve.

— Oui, oui, dit le garde-chiourme, c'est un *de nos messieurs* ; et il a beau faire, cela se voit tout de suite.

J'allais demander à mon brave argousin ce qu'il entendait par un *de ses messieurs*, lorsque je vis Rossignol qui, tout en traînant son compagnon de chaîne après lui, levait une pierre, et cachait la lettre qu'il m'avait montrée sous cette pierre.

Dès lors, comme on le comprend bien, je n'eus plus qu'un désir, c'était de tenir cette lettre.

Je congédiai le garde-chiourme par un mouvement de tête qui signifiait que je n'avais pas autre chose à lui dire, et j'allai m'asseoir près de la pierre.

Il retourna aussitôt prendre sa place à la proue du canot.

Pendant ce temps, je levai la pierre et je m'emparai de la lettre, et, chose étrange, non pas sans une certaine émotion.

Je rentrai chez moi. Cette lettre était écrite sur du gros papier écolier, mais pliée proprement et avec une certaine élégance.

L'écriture était petite, fine, d'un caractère qui eût fait honneur à un écrivain de profession.

Elle portait cette suscription :

« *A monsieur Alexandre Dumas.* »

Cet homme, de son côté, m'avait donc aussi reconnu.

J'ouvris vivement la lettre, et je lus ce qui suit :

« Monsieur,

» J'ai vu hier les efforts que vous faisiez pour me reconnaître, et vous avez dû voir ceux que je *faisait* pour ne pas être reconnu.

» Vous comprenez qu'au milieu de toutes les humiliations auxquelles nous sommes en butte, une des plus grandes est de se trouver face à face, dégradés comme nous le sommes, avec un homme qu'on a rencontré *dans le monde*.

» Je me suis donc *donné* la fièvre pour m'épargner aujourd'hui cette humiliation.

» Maintenant, monsieur, s'il vous reste quelque pitié pour un malheureux qui, il le sait, n'a même plus droit à la pitié, n'exigez point que je rentre à votre service ; j'oserai même vous demander plus : ne faites aucune question sur moi. En échange de cette grâce, que je vous supplie à genoux de m'accorder, je vous donne *ma parole d'honneur* qu'avant que vous ne *quittiez* Toulon je vous ferai connaître le nom sous lequel vous m'avez rencontré. Avec ce nom, vous saurez de moi tout ce que vous désirez en savoir.

» Daignez prendre en considération la prière de *celui* qui n'ose pas se dire

» Votre bien humble serviteur,

» GABRIEL LAMBERT. »

Comme l'adresse, la lettre était écrite de la plus charmante écriture anglaise qui se pût voir ; elle indiquait une certaine habitude de style, quoique les trois fautes d'orthographe qu'elle contenait dénonçassent l'absence de toute éducation.

La signature était ornée d'un de ces paraphes compliqués comme on n'en trouve plus qu'au bout du nom de certains notaires de village.

C'était un mélange singulier de vulgarité originelle et d'élégance acquise.

Cette lettre ne me disait rien pour le présent ; mais elle me promettait pour l'avenir tout ce que je désirais savoir. Puis je me sentais pris de pitié pour cette nature plus élevée, ou, comme on le voudra, plus basse que les autres.

N'y avait-il pas un reste de grandeur dans son humiliation ?

Je résolus donc de lui accorder ce qu'il me demandait.

Je dis au garde-chiourme que, loin de désirer qu'on me rendît Gabriel Lambert, j'eusse été le premier à demander qu'on me débarrassât de cet homme, dont la figure me déplaisait.

Puis je n'en ouvris plus la bouche, et personne ne m'en souffla le mot.

Je restai encore quinze jours à Toulon, et pendant ces quinze jours la barque et son équipage demeurèrent à mon service.

Seulement j'annonçai d'avance mon départ.

Je désirais que cette nouvelle parvînt à Gabriel Lambert.

Je voulais voir s'il se souviendrait de la *parole d'honneur* qu'il m'avait donnée.

La dernière journée s'écoula sans que rien m'indiquât que mon homme se disposât le moins du monde à tenir sa promesse ; et, je l'avoue, je me reprochais déjà ma discrétion, lorsqu'en prenant congé de mes gens, je vis Rossignol jeter un coup d'œil sur la pierre où j'avais déjà trouvé la lettre.

Ce coup d'œil était si significatif que je le compris à

l'instant même; je répondis par un signe qui voulait dire : C'est bien.

Puis, tandis que ces malheureux, désespérés de me quitter, car les quinze jours qu'ils avaient passés à mon service avaient été pour eux quinze jours de fête, s'éloignaient de la bastide en ramant, j'allai lever la pierre, et sous la pierre je trouvai une carte.

Une carte écrite à la main, mais qu'on eût juré être gravée.

Sur cette carte, je lus :

« *Le vicomte* HENRY DE FAVERNE. »

III.

LE FOYER DE L'OPÉRA.

Gabriel Lambert avait raison, ce nom seul me disait, sinon tout, du moins une partie de ce que je désirais savoir.

— C'est juste, Henry de Faverne ! m'écriai-je, Henry de Faverne, c'est cela ! Comment diable ne l'ai-je pas reconnu !

Il est [vrai que je n'avais vu celui qui portait ce nom que deux fois, mais c'était dans des circonstances où ses traits s'étaient profondément gravés dans ma mémoire.

C'était à la troisième représentation de *Robert le Diable*; je me promenais pendant l'entr'acte au foyer de l'Opéra, avec un de mes amis, le baron Olivier d'Hornoy.

Je venais de le retrouver le soir même, après une absence de trois ans.

Des affaires d'intérêt l'avaient appelé à la Guadeloupe, où sa famille avait des possessions considérables, et depuis un mois seulement il était de retour des colonies.

Je l'avais revu avec grand plaisir, car autrefois nous avions été fort liés.

Deux fois, en allant et en venant, nous croisâmes un homme, qui à chaque fois le regarda avec une affectation qui me frappa.

Nous allions le rencontrer une troisième fois, lorsque Olivier me dit :

—Vous est-il égal de vous promener dans le corridor au lieu de vous promener ici ?

— Parfaitement, lui répondis-je ; mais pourquoi cela ?

— Je vais vous le dire, reprit–il.

Nous fîmes quelques pas, et nous nous trouvâmes dans le corridor.

— Parce que, contina Olivier, nous avons croisé deux fois un homme.

— Qui vous a regardé d'une singulière façon, je l'ai remarqué. Qu'est-ce que cet homme ?

— Je ne puis le dire précisément, mais ce que je sais, c'est qu'il a l'air de chercher à avoir une affaire avec moi, tandis que moi je ne me soucierais pas le moins du monde d'avoir une affaire avec lui.

— Et depuis quand donc, mon cher Olivier, craignez-vous les affaires ? Vous aviez autrefois, si je me le rappelle bien, la fatale réputation de les chercher plutôt que de les fuir.

— Oui, sans doute, je me bats quand il le faut; mais, vous le savez, on ne se bat pas avec tout le monde.

— Je comprends, cet homme est un chevalier d'industrie.

— Je n'en ai aucune certitude, mais j'en ai peur.

— En ce cas, mon cher, vous avez parfaitement raison; la vie est un capital qu'il ne faut risquer que contre un capital à peu près équivalent; celui qui fait autrement joue un jeu de dupe.

En ce moment la porte d'une loge s'ouvrit, et une jeune et jolie femme fit coquettement signe de la main à Olivier qu'elle désirait lui parler.

— Pardon, mon cher, il faut que je vous quitte.
— Pour longtemps?
— Non, continuez de vous promener dans le corridor, et avant dix minutes je vous rejoins.
— A merveille.

Je continuai de me promener seul pendant le temps indiqué, et je me trouvais du côté opposé à celui où j'avais quitté Olivier, lorsque j'entendis tout à coup une grande rumeur, et que je vis les autres promeneurs se porter du côté où cette rumeur était née ; je m'avançai comme tout le monde, et je vis sortir d'un groupe Olivier qui, en m'apercevant, s'élança à mon bras en me disant :

— Venez, mon cher; sortons.
— Qu'y a-t-il donc ? demandai-je, et pourquoi êtes-vous si pâle ?
— Il y a que ce que j'avais prévu est arrivé; cet homme m'a insulté, et il faut que je me batte avec lui ; mais venez vite chez moi ou chez vous, je vous conterai tout cela.

Nous descendîmes rapidement l'un des escaliers; l'étranger descendait l'autre; il tenait son mouchoir sur son visage, et son mouchoir était taché de sang.

Olivier et lui se rencontrèrent à la porte.

— Vous n'oublierez pas, monsieur, dit l'étranger à haute voix, de manière à être entendu de tout le monde, que je vous attends demain à six heures au bois de Boulogne, allée de la Muette.
— Eh! oui, monsieur, dit Olivier en haussant les épaules; c'est chose convenue.

Et il fit un pas en arrière pour laisser passer son adversaire, qui sortit en se drapant dans son manteau, et avec la prétention visible de faire de l'effet.

— Oh! mon Dieu! mon cher, dis-je à Olivier, qu'est-ce que ce monsieur ? Et vous allez vous battre avec cela ?
— Il le faut, pardieu! bien.
— Et pourquoi le faut-il ?
— Parce qu'il a levé la main sur moi, parce que je lui ai envoyé un coup de canne à travers la figure.
— Vraiment ?
— Parole! une scène de crocheteur, tout ce qu'il y a de plus sale : j'en ai honte; mais que voulez-vous ? c'est ainsi.
— Mais qu'est-ce que c'est donc que ce manant-là, qui croit qu'on est obligé de donner à des gens comme nous des soufflets pour les faire battre ?
— Ce que c'est? c'est un monsieur qui se fait appeler le vicomte Henry de Faverne.
— Henry de Faverne? je ne connais pas cela.
— Ni moi non plus.
— Eh bien! comment avez-vous une affaire avec un homme que vous ne connaissez pas ?
— C'est justement parce que je ne le connais pas que j'ai avec lui une affaire : cela vous paraît étrange ; qu'en dites-vous ?
— Je l'avoue.
— Je vais vous raconter cela. Tenez, il fait beau, au lieu de nous enfermer entre quatre murailles, voulez-vous venir jusqu'à la Madeleine ?
— Jusqu'où vous voudrez.
—Voilà ce que c'est: ce monsieur Henry de Faverne a des chevaux superbes et joue un jeu fou, sans qu'on lui connaisse aucune fortune au soleil; au reste, payant fort bien ce qu'il achète ou ce qu'il perd : de ce côté il n'y a rien à dire. Mais comme il est, à ce qu'il paraît, sur le point de se marier, on lui a demandé quelques explications sur cette fortune dont il fait un usage si éblouissant; il a répondu qu'il était d'une famille de riches colons qui avait des biens considérables à la Guadeloupe.

» Alors, justement comme j'en arrive, on est venu aux informations près de moi, et l'on m'a demandé si je connaissais un comte de Faverne à la Pointe-à-Pitre.

» Il faut vous dire, mon cher, que je connais, à la Pointe-à-Pitre, tout ce qui mérite d'être connu, et qu'il n'y a pas, d'un bout de l'île à l'autre, plus de comte de Faverne que sur ma main.

» Vous comprenez, moi j'ai dit tout bonnement ce qu'il en était, sans attacher à ce que je disais d'autre importance. Puis, au bout du compte, comme c'était la vérité, je l'eusse dite dans tous les cas.

» Or, il paraît que mon refus de reconnaître ce monsieur a mis obstacle à ses projets de mariage. Il a crié bien haut que j'étais un calomniateur, et qu'il me ferait repentir de mes calomnies. Je ne m'en suis pas autrement inquiété; mais, ce soir, je l'ai rencontré comme vous avez vu, et j'ai senti, vous savez, on sent cela, que j'allais avoir une affaire avec cet homme.

» Au reste, mon cher ami, vous êtes témoin que, cette affaire, je l'ai évitée tant que j'ai pu; mais, que voulez-vous? je ne pouvais pas faire davantage. J'ai quitté le foyer, j'ai pris le corridor; en m'apercevant qu'il nous avait suivi dans le corridor, je suis entré dans la loge de la comtesse M...., qui, elle-même, comme vous le savez, est créole, et qui n'a jamais entendu parler de ce monsieur ni de quelque Faverne que ce soit.

» Je croyais en être quitte; baste! il m'attendait en face de la porte de la loge; vous savez le reste : nous nous battons demain, vous l'avez entendu.

— Oui, à six heures du matin; mais qui donc a réglé cela?

— Mais voilà encore ce qui prouve que j'ai affaire à je ne sais quel croquant.

» Est-ce que c'est jamais aux adversaires à régler ces choses-là? Que restera-t-il à faire aux témoins, alors? Puis, se battre à six heures du matin, comprenez-vous cela? Qui est-ce qui se lève à six heures?

» Ce monsieur a donc été garçon de charrue dans sa jeunesse; quant à moi, je sais que je vais être demain matin d'une humeur massacrante, et que je me battrai très-mal.

— Comment, vous vous battrez très-mal?

— Sans doute; c'est une chose sérieuse que de se battre, que diable! On prend toutes ses aises pour faire l'amour, et on ne s'accorde pas la plus petite fantaisie en matière de duel! Moi, je sais une chose, c'est que je me suis toujours battu à onze heures ou midi, et qu'en général je m'en suis très bien trouvé.

» A six heures du matin, je vous demande un peu, au mois d'octobre! on meurt de froid, on grelotte, on n'a pas dormi.

— Eh bien! mais rentrez et couchez-vous.

— Oui, couchez-vous, c'est facile à dire; on a toujours, quand on se bat le lendemain, quelque chose comme un bout de testament à faire, une lettre à écrire à sa mère ou à sa maîtresse; tout cela vous prend jusqu'à deux heures du matin.

» Puis on dort mal; car, voyez-vous, on a beau dire, si brave qu'on soit, c'est toujours une mauvaise nuit que la nuit qui précède un duel. Et se lever à cinq heures, car pour se trouver au bois de Boulogne à six heures, il faut se lever à cinq, se lever à la bougie, connaissez-vous rien de plus maussade que cela?...

» Aussi qu'il se tienne bien, ce monsieur; je ne le ménagerai pas, je vous en réponds. A propos, je compte sur vous comme témoin.

— Pardieu!

— Apportez vos épées, je ne veux pas me servir des miennes, il pourrait dire qu'elles sont à ma garde.

— Vous vous battez à l'épée?

— Oui, j'aime mieux cela; cela tue aussi bien que le pistolet, et cela n'estropie pas. Une mauvaise balle vous casse un bras, il faut vous le couper, et vous voilà manchot. Apportez vos épées.

— C'est bien, je serai chez vous à cinq heures.

— A cinq heures! Comme c'est amusant pour vous aussi de vous lever à cinq heures!

— Oh! pour moi, cela m'est à peu près indifférent; c'est l'heure où je me couche.

— C'est égal, lorsque les choses se passeront entre gens comme il faut, et que vous serez mon témoin, faites-moi battre comme vous l'entendrez, mais faites-moi battre à onze heures ou midi, et vous verrez; parole d'honneur! il n'y aura pas de comparaison, j'y gagnerai cent pour cent.

— Allons donc, je suis sûr que vous serez superbe.

— Je ferai de mon mieux; mais, d'honneur! j'aurais mieux aimé me battre ce soir sous un réverbère, comme un soldat aux gardes, que de me lever demain à une pareille heure; ainsi, vous, mon cher, qui n'avez pas de testament à faire, allez vous coucher; allez, et recevez mes excuses au nom de ce monsieur.

— Je vous quitte, mon cher Olivier, mais c'est pour vous laisser tout votre temps à vous même. Avez-vous quelque autre recommandation à me faire?

— A propos, il me faut deux témoins: passez au club, et prévenez Alfred de Nerval que je compte sur lui; cela ne le dérangera pas trop, il jouera jusqu'à cette heure-là, et tout sera dit. Puis il nous faut, je ne sais pas, parole d'honneur! où j'ai la tête, il nous faut un médecin; je n'ai pas envie, si je lui donne un coup d'épée, de lui sucer la plaie, à ce monsieur; j'aime mieux qu'on le saigne.

— Avez-vous quelque préférence?

— Pour qui?

— Pour un docteur.

— Non; je les redoute tous également.

— Prenez Fabien; n'est-ce pas votre médecin? c'est le mien aussi; il nous rendra ce service avec grand plaisir.

— Soit. A moins cependant qu'il ne craigne que cela lui fasse tort près du roi, car vous savez qu'il vient d'être attaché à la cour par quartier.

— Soyez tranquille, il n'y songera même pas.

— Je le crois, car c'est un excellent garçon; faites-lui toutes mes excuses de le faire lever à pareille heure.

— Bah! il y est habitué.

— Pour un accouchement, pas pour un duel.

« Mais avec cela je bavarde comme une pie, et je vous tiens là dans la rue, sur vos jambes, tandis que vous devriez être dans votre lit. Allez vous coucher, mon cher ami, allez vous coucher.

— Allons, bonsoir et bon courage!

— Ah! ma foi je vous jure que je n'en sais rien, dit Olivier en bâillant à se démonter la mâchoire; car, en vérité, vous ne vous faites point idée combien cela m'ennuie de me battre avec ce drôle-là.

Et sur ces paroles, Olivier me quitta pour rentrer chez lui, tandis que j'allais au club et chez Fabien.

Je lui avais donné la main en le quittant, et j'avais senti sa main agitée d'un mouvement nerveux.

Je n'y comprenais plus rien. Olivier avait presque la réputation d'un duelliste; comment donc un duel l'impressionnait-il à ce point-là?

N'importe, je n'en étais pas moins sûr de lui pour le lendemain.

IV.

PRÉPARATIFS

Je courus chez le docteur, et de là au club.

Alfred promit de ne pas se coucher et Fabien d'être levé à l'heure convenue : tous deux devaient se trouver chez Olivier à cinq heures moins un quart.

J'y arrivai à quatre heures et demie, pour lui dire que tout était réglé à sa convenance.

Je le trouvai assis devant sa table et achevant d'écrire quelques lettres.

Il ne s'était pas couché.

— Eh bien! mon cher Olivier, lui demandai-je, comment vous trouvez-vous?

— Oh ! très mal à mon aise ; vous voyez l'homme le plus fatigué de la terre.

« Comme je m'en doutais, je n'ai pas eu le temps de dormir une minute. Vous voyez le feu qu'il y a, eh bien ! je n'ai pas pu me réchauffer. Est-ce qu'il fait froid dehors ?

— Non, le temps est humide ; il tombe du brouillard.

— Vous verrez que nous serons assez heureux pour qu'il tombe de l'eau à torrens.

« Se battre par la pluie, les pieds dans la boue ; comme c'est amusant !

« Si cet homme n'était pas un goujat, on aurait remis la chose à plus tard, ou l'on se serait battu à couvert ; aussi il peut être tranquille, son affaire est claire, et je le guérirai de l'envie de venir me chercher une seconde fois dispute, je vous en réponds.

— Ah çà ! mais vous en parlez, mon cher, comme si vous étiez sûr de le tuer.

— Oh ! vous comprenez, on n'est jamais sûr de tuer son homme ; il n'y a que les médecins qui puissent répondre de cela.

« N'est-ce pas, Fabien ? ajouta Olivier en souriant et en tendant la main au docteur, qui entrait ; mais je lui donnerai un joli coup d'épée, voilà tout.

— Dans le genre de celui que vous avez donné, la veille de votre départ pour la Guadeloupe, à cet officier portugais que j'ai eu toutes les peines du monde à tirer d'affaire, n'est-ce pas ? dit Fabien.

— Oh ! celui-là c'est autre chose : celui-là, il avait choisi le mois de mai ; puis, au lieu de me jeter brutalement son heure au nez, il m'avait poliment demandé la mienne.

« Mon cher, imaginez-vous, c'était une partie de plaisir ; nous nous battions à Montmorency, par une charmante journée, à onze heures du matin.

« Vous rappelez-vous, Fabien ? il y avait dans le buisson qui se trouvait à côté de nous une fauvette qui chantait ; j'adore les oiseaux. Tout en me battant j'écoutais chanter cette fauvette ; elle ne s'envola qu'au mouvement que vous fîtes en voyant tomber mon adversaire.

« Comme il tomba bien, n'est-ce pas ? en me saluant de la main ; c'était un homme très comme il faut, ce Portugais ; l'autre tombera comme un bœuf, vous verrez, en m'éclaboussant.

— Ah çà ! mon cher Olivier, lui dis-je, vous êtes donc un Saint-Georges pour parler comme cela d'avance.

— Non, je tire même assez mal, mais j'ai le poignet solide, et, sur le terrain, un sang-froid de tous les diables ; d'ailleurs, cette fois-ci, j'ai affaire à un lâche.

— A un lâche.... qui est venu vous provoquer ?

— Cela ne fait rien ; au contraire, cela vient à l'appui de mon assertion.

« Vous avez bien vu qu'au lieu de m'envoyer tranquillement ses témoins, comme cela se fait en bonne compagnie, il a voulu me monter la tête en m'insultant lui-même ; et encore a-t-il passé près de moi deux fois sans faire autre chose que me regarder, puis il m'a vu me détourner de mon chemin, il a cru que j'avais peur, et il a fait le crâne ; c'est un homme qui a besoin de se battre avec quelqu'un de bien placé dans le monde pour se réhabiliter. Ce n'est pas un duel qu'il me propose, c'est une spéculation qu'il entreprend.

« Au reste, vous verrez tout cela sur le terrain....

« Ah ! voilà enfin Nerval : j'ai cru qu'il ne viendrait pas.

— Ce n'est pas ma faute, mon cher, dit en entrant le nouvel arrivant ; d'ailleurs je ne suis pas en retard. (Il tira sa montre.) Cinq heures. Imagine-toi que je gagnais quelque chose comme une trentaine de mille francs à Valjuson, et qu'il m'a fallu lui donner revanches sur revanches, jusqu'à ce qu'il n'en perde plus que dix mille. Ah çà ! tu te bats donc ?

— Oh ! mon Dieu ! oui.

— Alexandre est venu me dire cela au moment où je venais d'être décavé de deux cents louis, de sorte que j'ai assez mal écouté.

« Est-ce que tu n'aurais pas tenu, toi, vingt-neuf par la retourne et premier en main ?

— Certainement j'aurais tenu.

— Eh bien ! je trouve cinq trèfles ; cet imbécile de Larry, qui avait battu les cartes, s'en était donné trois pour lui seul, et bêtement, comme tout ce qu'il fait, en donnant l'as et le roi à un autre.

« J'y étais déjà de dix mille francs quand j'ai eu la bonne idée de me rattraper à l'écarté avec Valjuson, de sorte que je ne perds ni ne gagne. Vous ne jouez pas, vous, Fabien ?

— Non.

— Vous avez bien raison : je ne connais rien de stupide comme le jeu ; c'est une mauvaise habitude que j'ai prise et que je voudrais bien perdre. Est-ce qu'il n'y aurait pas quelque remède, docteur, mais un remède agréable, un remède moral joint à un bon régime hygiénique ?

« A propos de cela, mon cher, où diable d'Harville a-t-il pris son abominable cuisinier ? chez quelque ministre constitutionnel. Il nous a donné hier un dîner que personne n'a pu manger. Tu t'es douté de cela, toi, tu n'es pas venu ; tu as bien fait. Ah çà ! où se bat-on ?

— Au bois de Boulogne, allée de la Muette.

— Oh ! les traditions classiques. Mon cher, depuis que tu es à la Guadeloupe on ne se bat plus là : on se bat à Clignancourt ou à Vincennes.

« Il y a des endroits charmans que Nestor a découverts ; tu sais, lui, c'est le Christophe Colomb de ces mondes-là : ils se sont battus là avec Gallois ; un duel charmant !

« Tu sais comme ils sont braves tous deux ; ils se sont donné trois coups d'épée chacun, et se sont quittés contens comme des dieux :

« *Numero Deus impare gaudet.*

« Tu vois, hein ! comme je tiens mon latin. Et quand je pense qu'on a été donner, à mon détriment, le prix du thème à cet imbécile de Larry, qui m'a fait perdre, avec ses trois trèfles, un coup de deux cents louis !...

— Tu lui revaudras cela ce soir. Mais je crois, messieurs, continua Olivier, qu'il est temps de partir ; il ne faut pas nous faire attendre.

— Comment allons-nous là-bas ?

— J'ai une espèce de landau avec des épées dedans, repris-je ; une voiture qui a un air tout à fait honnête : on ne se doutera jamais de ce qu'elle renferme.

— Très bien ! descendons.

Nous descendîmes ; nous prîmes place, et nous ordonnâmes au cocher de nous conduire au bois de Boulogne, allée de la Muette.

— A propos, dit Alfred quand la voiture commença de rouler, j'ai peut-être avoir une affaire, moi aussi.

— Et comment cela ?

— A cause de toi.

— A cause de moi ?

— Oui. Tu sais que tu as dit l'autre jour, chez madame de Méranges, que tu ne connaissais à la Guadeloupe aucun monsieur de Faverne.

— Oui, parfaitement.

— J'ai entendu cela tout en faisant un wisth : ça m'était entré par une oreille, ça ne m'était pas sorti par l'autre, quand, avant hier, qui propose-t-on au club ?...

« Un monsieur Henry de Faverne, qui se fait appeler vicomte, et qui n'est rien du tout, j'en suis sûr. Alors, j'ai dit qu'il était impossible d'admettre cet homme, que les Faverne n'existaient pas, que tu connaissais la Guadeloupe comme ta poche, et que tu n'avais jamais entendu parler de ces gens-là ; de sorte qu'il a été refusé.

« C'est fâcheux, au reste, parce qu'il est beau joueur ; voilà toute l'affaire : il paraît qu'il a su que je m'étais prononcé contre lui et qu'il m'en veut.

« A son aise ! Quand il sera las de m'en vouloir, il viendra me le dire ; je l'attends.

« A propos ! et toi, avec qui te bats-tu ?

— Avec lui.
— Qui, lui ?
— Avec ton monsieur Henry de Faverne.
— Comment ! c'est à moi qu'il en veut, et c'est avec toi qu'il se bat ?
— Oui ; il aura su que les renseignemens venaient de moi, et il se sera tout naturellement adressé à moi.
— Oh ! un instant ! un instant ! s'écria Alfred, c'est que je vais lui dire....
— Tu ne diras rien. Ce monsieur est un manant à qui on ne parle pas ; d'ailleurs ton affaire n'a aucun rapport avec la mienne ; il m'a insulté, c'est à moi de me battre : voilà tout. Après moi tu auras ton tour.
— Ah ! oui, avec cela que tu les arranges bien quand tu t'en mêles. Mais celui-là, je t'en prie, ne me le tue pas tout à fait ; ce n'est qu'à cette condition-là que je te le laisse. Veux-tu un cigare ?
— Merci.
— Tu ne sais pas ce que tu refuses ; ce sont de véritables cigares du roi d'Espagne, que Vernon a rapportés de la Havane.
— Vous ne fumez pas, docteur ?
— Non.
— Vous avez tort.
Et Alfred alluma son cigare, s'accouda dans un coin de la voiture, et, tout entier à l'agréable occupation qu'il venait de se créer, s'abîma dans la volupté de la fumée.

V.

L'ALLÉE DE LA MUETTE.

Pendant ce temps-là, un jour pâle et maladif venait de se lever, et l'on commençait d'apercevoir le bois de Boulogne perdu au milieu du brouillard.
Une voiture marchait devant la nôtre, et, comme elle prit la porte Maillot, nous ne doutâmes plus que ce fût celle de notre adversaire ; nous ordonnâmes donc à notre cocher de la suivre. Elle se dirigea vers l'allée de la Muette, au tiers de laquelle elle s'arrêta ; la nôtre la joignit, et s'arrêta à son tour ; nous descendîmes.
Ces messieurs avaient déjà mis pied à terre.
Je jetai alors un coup d'œil sur Olivier.
Un changement complet s'était opéré en lui ; le mouvement nerveux qui l'agitait la veille avait complétement disparu, il était calme et froid ; un sourire de suprême dédain arquait sa bouche, et un léger pli entre les deux sourcils était la seule contraction qu'on pût remarquer sur son visage ; pas un mot ne sortait de sa bouche.
Son adversaire présentait un aspect tout opposé ; il parlait haut, riait avec éclat, gesticulait avec force ; mais, avec tout cela, son visage grimaçant était pâle et contracté ; de temps en temps un spasme nerveux lui serrait la poitrine et le forçait de bâiller.
Nous nous approchâmes de ses deux témoins, qui furent forcés de lui dire de s'éloigner.
Alors il fit en arrière quelques pas en sifflant, et se mit à piquer si violemment dans la terre la badine qu'il tenait qu'il la brisa.
Les préparatifs du combat étaient faciles à régler. Monsieur de Faverne avait indiqué l'heure, Olivier avait choisi les armes, tout arrangement était impossible.
La question était donc purement et simplement de savoir si l'on arrêterait le combat après une première blessure, ou si on lui laisserait telle suite qu'il plairait aux combattans de lui donner.
Olivier s'était prononcé à ce sujet, c'était un droit de sa position d'offensé : rien ne devait arrêter les épées que la chute d'un des deux adversaires.
Les témoins discutèrent un instant, mais furent obligés

de céder ; nous ne les connaissions ni l'un ni l'autre ; c'étaient des amis de monsieur Henry de Faverne ; et, à part leur tranchant et leurs manières de sous-officiers, nous les trouvâmes assez au fait des fonctions qu'ils remplissaient.
Je leur présentai les épées, qu'ils examinèrent.
Pendant cet examen, je revins vers Olivier.
Il était occupé à faire remarquer une faute héraldique qui s'était glissée dans le blason, sans doute improvisé, de son adversaire : le vicomte portait couleur sur couleur.
En me voyant, il me prit à part.
— Tenez, me dit-il, voici deux lettres, l'une pour ma mère, l'autre pour....
Il ne prononça point le nom, mais me montra ce nom écrit sur la lettre : c'était celui d'une jeune personne qu'il aimait et qu'il était sur le point d'épouser.
« On ne sait pas ce qui peut arriver, continua-t-il ; s'il m'arrivait malheur, faites porter cette lettre à ma mère ; quant à l'autre, cher ami, ne la remettez qu'en main propre.
Je lui promis.
Puis, voyant que, plus le moment du combat approchait, plus son visage devenait calme :
— Mon cher Olivier, lui dis-je, je commence à croire que ce monsieur a eu tort de vous insulter, et qu'il va payer cher son imprudence.
— Oui, dit le docteur, surtout si votre sang-froid est réel.
Un sourire effleura les lèvres d'Olivier.
— Docteur, dit-il, dans l'état de santé ordinaire, combien de fois le pouls d'un homme qui n'a aucun motif d'agitation bat-il à la minute.
— Mais, répondit Fabien, soixante-quatre ou soixante-cinq fois.
— Tâtez mon pouls, docteur, dit Olivier en tendant la main à Fabien.
Fabien tira sa montre, appuya son doigt sur l'artère, et, au bout d'une minute :
— Soixante-six pulsations, dit-il ; c'est miraculeux d'empire sur vous-même ; ou votre adversaire est un Saint-Georges, ou c'est un homme mort.
— Mon cher Olivier, dit Alfred en se retournant, es-tu prêt ?
— Moi ? dit Olivier, j'attends.
— Eh bien ! alors, messieurs, dit-il, rien n'empêche que l'affaire se vide ?
— Oui, oui, s'écria monsieur de Faverne ; oui, vite, vite, sacrebleu !
Olivier le regarda avec un léger sourire de mépris ; puis voyant qu'il jetait bas son habit et son gilet, il ôta les siens.
C'est alors qu'apparut une nouvelle différence entre ces deux hommes.
Olivier était mis avec une coquetterie charmante : il avait fait toilette complète pour se battre ; sa chemise était de la plus fine batiste, fraîche et soigneusement plissée ; sa barbe était nouvellement faite, ses cheveux ondulaient comme s'ils sortaient du fer de son valet de chambre.
Tout au contraire, la chevelure de monsieur de Faverne dénonçait une nuit agitée.
On voyait qu'il n'avait pas été coiffé depuis la veille, et que cette coiffure avait été fort dérangée par l'agitation de la nuit ; sa barbe était longue, et sa chemise de jaconas était évidemment la même que celle avec laquelle il avait couché.
— Décidément cet homme est un manant, murmura Olivier.
Je lui remis une des épées, tandis qu'on remettait l'autre à son adversaire.
Olivier la prit par la lame et eut à peine l'air de la regarder : on eût dit qu'il tenait une canne.
Monsieur de Faverne prit au contraire la sienne par la poignée, fouetta deux ou trois fois l'air avec la lame ; puis il s'enveloppa la main avec un foulard, afin d'assurer d'autant mieux l'épée dans sa main.

Olivier seulement alors ôta ses gants, mais jugea inutile d'user de la précaution que venait de prendre son adversaire; seulement alors je remarquai sa main : elle avait la blancheur et la délicatesse d'une main de femme.

— Eh bien! monsieur, dit monsieur de Faverne; eh bien?

— Eh bien! j'attends, répondit Olivier.

— Allez, messieurs, dit Alfred.

Les adversaires, qui étaient à dix pas l'un de l'autre, se rapprochèrent alors; je remarquai que plus Olivier se rapprochait, plus sa figure devenait douce et souriante.

Tout au contraire, la figure de son adversaire prit un caractère de férocité dont j'aurais cru ses traits incapables; son œil devint sanglant et son teint couleur de cendre.

Je commençai à être de l'avis d'Olivier : cet homme était un lâche.

Au moment où les épées se touchèrent, ses lèvres s'entr'ouvrirent et montrèrent ses dents convulsivement serrées.

Tous deux tombèrent en garde en face l'un de l'autre; mais autant la pose d'Olivier était simple, facile, élégante, autant celle de son adversaire, quoique dans toutes les règles de l'art, était raide et anguleuse.

On voyait que cet homme avait appris à faire des armes à un certain âge, tandis que l'autre, en vrai gentilhomme, avait depuis son enfance joué avec des fleurets.

Monsieur de Faverne commença l'attaque : ses premiers coups furent vifs, serrés, précis; mais, ces premiers coups portés, il s'arrêta comme étonné de la résistance de son adversaire. En effet, Olivier avait paré ses attaques avec la même facilité qu'il eût fait dans un assaut de salle d'armes.

Monsieur de Faverne en devint plus livide encore, si la chose était possible, et Olivier plus souriant.

Alors monsieur de Faverne changea de garde, plia sur ses genoux, écarta les jambes à la manière des maîtres italiens, et recommença les mêmes coups, mais en les accompagnant de ces cris qu'ont l'habitude de pousser, pour effrayer leurs adversaires, les prévôts de régiment.

Mais ce changement d'attaque n'eut aucune influence sur Olivier : sans reculer d'un pas, sans rompre d'une semelle, sans précipiter un seul de ses mouvements, son épée se lia à celle de son adversaire ou la précéda alternativement, comme s'il eût pu deviner les coups que celui-ci allait lui porter.

Il avait véritablement, comme il l'avait dit, un sang-froid terrible.

La sueur de l'impuissance et de la fatigue coulait sur le front de monsieur de Faverne; les muscles de son cou et de ses bras se gonflaient comme des cordes; mais sa main se fatiguait visiblement, et l'on comprenait que si l'épée n'était maintenue à son poignet par le foulard, à la première attaque un peu vive de son adversaire, son épée lui tomberait des mains.

Olivier, au contraire, continuait de jouer avec la sienne.

Nous regardions en silence ce jeu terrible, dont il nous était facile de deviner le résultat d'avance. Comme l'avait dit Olivier, on pouvait deviner que monsieur de Faverne était un homme perdu.

Enfin, au bout d'un instant, un sourire plus caractérisé se dessina sur les lèvres d'Olivier; à son tour il simula un ou deux coups, puis un éclair passa dans ses yeux; il se fendit, et d'un simple dégagement, mais si serré, si vif que nous ne pûmes pas le suivre des yeux, il lui passa son épée au travers du corps.

Puis, sans prendre la précaution d'usage en pareil cas, c'est-à-dire de se rejeter en arrière par un pas de retraite, il abaissa son épée sanglante et attendit.

Monsieur de Faverne jeta un cri, porta la main gauche à sa blessure, secoua sa main droite pour se débarrasser de l'épée, qui, liée à son poignet, lui pesait comme une masse, puis, passant d'une pâleur livide à une pâleur cadavéreuse, il chancela un instant et tomba évanoui.

Olivier, sans le perdre tout à fait de l'œil, se retourna vers Fabien.

— Maintenant, docteur, dit-il de son son de voix habituel, et sans que la trace de la moindre émotion se fît reconnaître, maintenant, docteur, je crois que le reste vous regarde.

Fabien était déjà près du blessé.

Non-seulement l'épée lui avait traversé le corps, mais elle avait encore été trouver la chemise flottante, tant le coup avait été profond; le sang remontait à plus de dix-huit pouces sur la lame.

— Tenez, mon cher, me dit Olivier, voici votre épée; c'est étonnant comme elle est montée à ma main. Chez qui l'avez-vous achetée?

— Chez Devismes.

— Ayez donc la bonté de m'en commander une paire pareille.

— Gardez celles-ci; vous vous en servez trop bien pour vous les reprendre.

— Merci, ça me fera plaisir de les avoir.

Puis, se retournant vers le blessé :

— Je crois que je l'ai tué, dit-il; j'en serais fâché; je ne sais pourquoi il me semble que ce malheureux-là ne doit point mourir de la main d'un honnête homme.

Puis, comme nous n'avions plus rien à faire là, que monsieur de Faverne était entre les mains de Fabien, c'est-à-dire d'un des plus habiles docteurs de Paris, nous remontâmes dans notre voiture, tandis qu'on portait le blessé dans la sienne.

Deux heures après, je reçus une magnifique pipe turque qu'Olivier m'envoyait en échange de mes épées.

Le soir, j'allai en personne prendre des nouvelles de monsieur de Faverne; le lendemain, j'envoyai mon domestique; le troisième jour, ma carte; puis comme, ce troisième jour, j'appris que, grâce aux soins de Fabien, il était hors de danger, je cessai de m'occuper de lui.

Deux mois après, à mon tour, je reçus sa carte.

Puis je partis pour un voyage, et je ne le revis plus que le jour où je le retrouvai au bagne.

Olivier ne s'était pas trompé sur l'avenir de cet homme.

VI.

LE MANUSCRIT.

On devine alors combien je fus curieux de connaître les événemens qui avaient conduit aux galères cet homme, que, comme il le disait lui-même, j'avais rencontré dans le monde.

Je songeai alors tout naturellement à Fabien, qui, l'ayant soigné de la terrible blessure que lui avait faite Olivier, devait avoir recueilli sur cet homme de curieux détails.

Aussi ma première visite, à mon retour à Paris, fut-elle pour lui. Je ne m'étais pas trompé; Fabien, qui a l'habitude d'écrire jour par jour tout ce qu'il fait, alla à son secrétaire, et, parmi plusieurs cahiers de papier séparés les uns des autres, en chercha un qu'il me remit.

— Tenez, mon ami, me dit-il, vous trouverez là dedans tous les renseignemens que vous désirez avoir; je vous les confie, faites-en ce que vous voudrez, mais ne les perdez pas; ce cahier fait partie d'un grand ouvrage que je comp tefaire sur les maladies morales que j'ai traitées.

— Ah, diable! mon cher, lui dis-je, il y aurait là un trésor pour moi.

— Aussi, cher ami, soyez tranquille; si je meurs d'un certain anévrisme qui de temps en temps murmure tout bas aux oreilles de mon cœur que je ne suis que poussière, et que je dois m'attendre à retourner en poussière, ces cahiers vous sont destinés, et mon exécuteur testamentaire vous les remettra.

— Je vous remercie de l'intention, mais j'espère ne jamais recevoir le cadeau que vous me promettez; vous avez à peine trois ou quatre ans de plus que moi.

— D'abord vous me flattez, j'en ai douze ou treize, si je ne me trompe; mais que fait l'âge en pareille circonstance? Je connais tel vieillard de soixante-dix ans qui est plus jeune que moi.

— Allons donc! vous, docteur, vous avez de pareilles idées?

— C'est justement parce que je suis docteur que je les ai. Tenez, voulez-vous voir la maladie que j'ai?..... la voilà.

Il me conduisit devant un dessin parfaitement fait; il représentait l'anatomie du cœur.

« J'ai fait faire ce dessin sur mes renseignemens et pour mon usage particulier, continua-t-il, afin de juger matériellement, si je puis parler ainsi, ma situation. Vous le voyez, c'est un anévrisme. Un jour, ce tissu-là crèvera; quand? je n'en sais rien; peut-être aujourd'hui, peut-être dans vingt ans; mais ce qu'il y a de sûr, c'est qu'il crèvera; alors en trois secondes ce sera fini.

« Et un beau matin, en déjeunant, vous entendrez dire :

« — Tiens, ce pauvre Fabien, vous savez?

« — Oui. Eh bien?

« — Il est mort subitement.

« — Bah! Et comment cela?

« — Oh, mon Dieu! en tâtant le pouls à un malade. On l'a vu rougir, puis pâlir; il est tombé sans pousser un seul cri; on l'a relevé : il était mort.

« — Tiens! c'est étrange! »

« On en parlera deux jours dans le monde, huit jours à l'École de Médecine, quinze jours à l'Institut, et tout sera dit. Bonsoir, Fabien!

— Vous êtes fou, mon cher,

— C'est comme j'ai l'honneur de vous le dire.

« Mais, mille fois pardon; il faut que je vous quitte, mon hôpital m'attend; voilà votre cahier, prenez-en copie et faites-en ce que vous voudrez, Adieu.

Je serrai une dernière fois la main de Fabien en signe de remercîment, et je pris congé de lui, tout joyeux et tout attristé à la fois : tout attristé de la prédiction qu'il venait de me faire, et tout joyeux des renseignemens que son cahier allait me donner.

Aussi je rentrai chez moi, je consignai ma porte, je mis ma robe de chambre, je m'étendis dans un grand fauteuil, j'allongeai mes pieds sur les chenets, et j'ouvris mon précieux mémoire.

Je copie littéralement, sans rien changer à la rédaction de Fabien.

VII.

Ce   octobre, 18....

Cette nuit j'ai été prévenu, à une heure du matin, qu'un duel devait avoir lieu entre monsieur Henry de Faverne et monsieur Olivier d'Hornoy, et que ce dernier me faisait prier de l'accompagner sur le terrain.

Je me rendis chez lui à cinq heures précises.

A six heures nous étions allée de la Muette, lieu du rendez-vous.

A six heures un quart, monsieur Henry de Faverne tombait blessé d'un coup d'épée.

Je m'élançai aussitôt vers lui, tandis qu'Olivier et ses témoins remontaient en voiture et reprenaient le chemin de Paris, le blessé était évanoui.

Il était évident, en effet, que la blessure était sinon mortelle du moins des plus graves : la pointe du fer triangulaire entrait du côté droit et était sortie de plusieurs pouces du côté gauche.

Je pratiquai à l'instant même une saignée.

J'avais recommandé au cocher de prendre, en revenant,

l'avenue de Neuilly et les Champs-Élysées, d'abord parce que cette route était la plus courte, mais surtout parce que la voiture, pouvant rouler continuellement sur la terre, devait moins fatiguer le blessé.

En arrivant à la hauteur de l'Arc-de-Triomphe, monsieur de Faverne donna quelques signes de vie; sa main s'agita et, paraissant chercher le siége d'une douleur profonde, s'arrêta sur sa poitrine.

Deux ou trois soupirs étouffés, qui firent jaillir le sang par sa double plaie, s'échappèrent péniblement de sa bouche. Enfin il entr'ouvrit les yeux, regarda ses deux témoins; puis, fixant son regard sur moi, me reconnut, et, faisant un effort, murmura :

— Ah! c'est vous, docteur? Je vous en supplie, ne m'abandonnez pas; je me sens bien mal.

Puis, épuisé par cet effort, il referma les yeux, et une légère écume rougeâtre vint humecter ses lèvres.

Il était évident que le poumon était offensé.

—Soyez tranquille, lui dis-je; vous êtes gravement blessé, il est vrai, mais la blessure n'est pas mortelle.

Il ne me répondit pas, n'ouvrit pas les yeux, mais je sentis qu'il me serrait faiblement la main avec laquelle je lui tâtais le pouls.

Tant que la voiture roula sur la terre, tout alla bien; mais en arrivant à la place de la Révolution, le cocher fut obligé de prendre le pavé, et alors les soubresauts de la voiture parurent faire tant souffrir le malade, que je demandai à ses témoins si l'un d'eux ne demeurait pas dans le voisinage, afin d'épargner au blessé le chemin qui lui restait à faire jusqu'à la rue Taitbout.

Mais à cette demande que, malgré son insensibilité apparente, monsieur de Faverne entendit, il s'écria :

— Non, non, chez moi !

Convaincu que l'impatience morale ne pouvait qu'ajouter au danger physique, j'abandonnai donc ma première idée, et laissai le cocher continuer sa route.

Après dix minutes d'angoisses, et pendant lesquelles je voyais à chaque cahot se contracter douloureusement la figure du blessé, nous arrivâmes rue Taitbout, n° 11.

Monsieur de Faverne demeurait au premier.

Un des témoins monta prévenir les domestiques, afin qu'ils vinssent nous aider à transporter leur maître : deux laquais en livrée éclatante et galonnée sur toutes les coutures descendirent.

J'ai l'habitude de juger les hommes non seulement par eux-mêmes, mais encore par ceux qui les entourent; j'examinai donc ces deux valets : ni l'un ni l'autre ne montra le moindre intérêt au blessé.

Il était évident qu'ils étaient au service de monsieur de Faverne depuis peu de temps, et que ce service pour leur maître ne leur avait inspiré aucune sympathie.

Nous traversâmes une suite d'appartemens qui me parurent somptueusement meublés, mais que je ne pus examiner en détail; et nous arrivâmes à la chambre à coucher; le lit était encore défait, comme l'avait laissé son maître.

Le long de la tenture, du côté du chevet, à la portée de la main, étaient deux pistolets et un poignard turc.

Nous étendîmes le blessé sur son lit, les deux domestiques et moi, par les témoins, jugeant leur présence inutile, étaient déjà partis.

Voyant que la blessure ne voulait pas saigner davantage, j'opérai alors le pansement.

Le pansement fini, le blessé fit signe aux valets de se retirer, et nous restâmes seuls.

Malgré le peu d'intérêt que j'avais pris jusque-là à monsieur de Faverne, pour lequel j'éprouvai alors je ne sais quelle répulsion, l'isolement où j'allais le laisser m'attrista.

Je regardai autour de moi, fixant particulièrement mes yeux sur les portes, et m'attendant toujours à voir entrer quelqu'un, mais mon attente fut trompée.

Cependant je ne pouvais rester plus longtemps près de lui, mes occupations journalières m'appelaient : il était sept heures et demie, et à huit heures je devais être à la Charité.

—N'avez-vous donc personne pour vous soigner? lui demandai-je.

— Personne, répondit-il d'une voix sourde.

— Vous n'avez pas un père, une mère, un parent?

— Personne.

— Une maîtresse?

Il secoua la tête en soupirant, et il me sembla qu'il murmura le nom de Louise, mais ce nom resta si inarticulé que je demeurai dans le doute.

— Je ne puis pourtant pas vous abandonner ainsi, repris-je.

— Envoyez-moi une garde, balbutia le blessé, et dites-lui que je la paierai bien.

Je me levai pour le quitter.

—Vous vous en allez déjà?... me dit-il.

— Il le faut, j'ai mes malades; si c'étaient des riches, peut-être aurais-je le droit de les faire attendre ; mais ce sont des pauvres, je dois être exact.

— Vous reviendrez dans la journée, n'est-ce pas.

— Oui, si vous le désirez.

— Certainement, docteur, et le plus tôt possible, n'est-ce pas?

— Le plus tôt possible.

— Vous me le promettez?

— Je vous le promets.

— Allez donc!

Je fis deux pas vers la porte, le blessé fit un mouvement comme pour me retenir et ouvrir la bouche :

— Que désirez-vous? lui demandai-je.

Il laissa retomber sa tête sur son oreiller sans me répondre.

Je me rapprochai de lui.

— Dites, continuai-je, et s'il est en mon pouvoir de vous rendre un service quelconque, je vous le rendrai.

Il parut prendre une résolution.

— Vous m'avez dit que la blessure n'était pas mortelle?

— Je vous l'ai dit.

— Pouvez-vous m'en répondre ?

— Je le crois; mais cependant, si vous avez quelque arrangement à prendre...

— C'est-à-dire, n'est-ce pas, que d'un moment à l'autre je puis mourir ?

Et il devint plus pâle qu'il n'était, et une sueur froide perla à la racine de ses cheveux.

—Je vous ai dit que la blessure n'était pas mortelle, mais en même temps je vous ai dit qu'elle était grave.

— Monsieur, je puis avoir confiance en votre parole, n'est-ce pas?

— Il ne faut rien demander à ceux dont on doute...

— Non, non, je ne doute pas de vous. Tenez, ajouta-t-il en me présentant une clef qu'il détacha d'une chaîne pendue à son col; ouvrez avec cette clef le tiroir de ce secrétaire.

Je fis ce qu'il demandait; il se souleva sur le coude; tout ce qui lui restait de vie semblait s'être concentré dans ses yeux.

—Vous voyez un portefeuille? dit-il.

— Le voici.

—Il est plein de papiers de famille qui n'intéressent que moi ; docteur, faites-moi le serment que, si je mourais, vous jetteriez ce portefeuille au feu.

— Je vous le promets.

— Sans les lire?

— Il est fermé à clef.

— Oh! une serrure de portefeuille est si facile à ouvrir...

Je laissai retomber le portefeuille.

Quoique la phrase fût insultante, elle m'avait inspiré plus de dégoût que de colère.

Le malade vit qu'il m'avait blessé.

— Pardon, me dit-il, cent fois pardon; mais c'est le sé-

jour des colonies qui m'a rendu défiant. Là-bas on ne sait jamais à qui l'on parle. Pardon, reprenez ce portefeuille, et promettez-moi dele brûler si je meurs.

— Pour la seconde fois, je vous le promets.

— Merci.

— Est-ce tout ?

— N'y a-t-il pas dans le même tiroir plusieurs billets de banque?

— Oui, deux de mille, trois de cinq cents.

— Soyez assez bon pour me les donner, docteur.

Je pris les cinq billets et je les lui remis, il les froissa dans sa main, et en fit une boule ronde qu'il poussa sous son oreiller.

—Merci, dit-il, épuisé par l'effort qu'il venait de faire... Puis, se laissant aller sur son traversin : — Ah! docteur, murmura-t-il, je crois que je meurs! Docteur, sauvez-moi, et ces cinq billets de banque sont à vous, le double, le triple s'il le faut. Ah !...

J'allai à lui, il était évanoui de nouveau.

Je sonnai un laquais, tout en faisant respirer au blessé un flacon de sels anglais.

Au bout de quelques instants, je sentis au mouvement de son pouls qu'il revenait à lui.

—Allons, murmura-t-il, ce n'est pas encore pour cette fois; puis entr'ouvrant les yeux et me regardant : Merci, docteur, de ne pas m'avoir abandonné, dit-il.

— Cependant, repris-je, il faut enfin que je vous quitte.

— Oui, mais revenez au plus tôt.

— A midi je serai ici.

— Et d'ici là, croyez-vous qu'il y ait quelque danger ?

— Je ne crois pas; si le fer avait touché quelque organe essentiel vous seriez mort à présent.

— Et vous m'envoyez une garde?

— A l'instant même ; en l'attendant votre domestique peut ne pas vous quitter.

— Sans doute, dit le laquais, je puis rester près de monsieur.

— Non, non ! s'écria le blessé, allez près de votre camarade ; je désire dormir, et en restant là vous m'en empêcheriez.

Le laquais sortit.

—Ce n'est pas prudent de rester seul, lui dis-je.

— N'est-il pas bien plus imprudent encore, me reprit-il, de rester avec un drôle qui peut m'assassiner pour me voler. Le trou est tout fait, ajouta-t-il à voix basse ; et en introduisant une épée dans la blessure, on peut trouver le cœur que mon adversaire a manqué.

Je frémis à l'idée qui avait traversé l'esprit de cet homme; qu'était-il donc lui-même pour qu'il lui vînt de pareilles idées ?

—Non, ajouta-t-il, non, au contraire, enfermez-moi; prenez la clef, donnez-la à la garde, et recommandez-lui de ne me quitter ni jour ni nuit; c'est une honnête femme, n'est-ce pas?

— J'en réponds.

— Eh bien ! allez; au revoir,.. à midi.

— A midi.

Je sortis; et, suivant ses instructions, je l'enfermai.

— A double tour, cria-t-il, à double tour !

Je donnai un autre tour de clef.

— Merci, dit-il d'une voix affaiblie.

Je m'éloignai.

—Votre maître veut dormir, dis-je aux laquais qui riaient dans l'antichambre; et comme il craint que vous n'entriez chez lui sans être appelés, il m'a remis cette clef pour la garde qui va venir.

Les laquais échangèrent un regard singulier, mais ne répondirent rien.

VIII.

LE MALADE.

Je sortis.

Cinq minutes après j'étais chez une excellente garde-malade, à qui je donnai des instructions, et qui s'achemina à l'instant même vers la demeure de monsieur Henry de Faverne.

Je revins à midi, comme je le lui avais promis.

Il dormait encore.

J'eus un instant l'idée de continuer mes courses et de revenir plus tard.

Mais il avait tant recommandé à la garde qu'on me priât, si je venais, d'attendre son réveil, que je m'assis dans le salon, au risque de perdre une demi-heure de ce temps toujours si précieux pour un médecin.

Je profitai de cette attente pour jeter un coup d'œil autour de moi, et pour achever, s'il m'était possible, par la vue des objets extérieurs, de me faire une opinion positive sur cet homme.

Au premier abord, tous les objets revêtaient l'aspect de l'élégance, et ce n'est qu'en examinant l'appartement en détail qu'on y reconnaissait le cachet d'une somptuosité sans goût : les tapis étaient d'une couleur éclatante, et des plus beaux que puissent fournir les magasins de Sallandrouze, mais ils ne s'harmoniaient ni avec la couleur des tentures ni avec celle des meubles.

Partout l'or dominait : les moulures des portes et du plafond étaient dorées, des franges d'or pendaient aux rideaux, et la tapisserie disparaissait sous la multitude de cadres dorés qui couvraient les murailles et qui contenaient des gravures à 20 francs, ou de mauvaises copies de tableaux de maîtres qu'on avait dû vendre à l'ignorant acquéreur pour des originaux.

Quatre étagères s'élevaient aux quatre coins du salon, mais au milieu de quelques chinoiseries assez précieuses se pavanaient des ivoires de Dieppe et des porcelaines modernes si grossièrement travaillées qu'elles ne laissaient pas même la chance de croire qu'elles s'étaient glissées là comme des figurines de Saxe.

La pendule et les candélabres étaient dans le même goût, et une table chargée de livres magnifiquement reliés complétait l'ensemble, en offrant un prospectus assez médiocre du maître de la maison.

Le tout était neuf et paraissait acheté depuis trois ou quatre mois au plus.

J'achevais cet examen, qui ne m'avait rien appris de nouveau, mais qui m'avait confirmé dans l'opinion que j'étais chez quelque nouvel enrichi, au goût défectueux, qui était bien parvenu à réunir autour de lui les insignes mais non la réalité de la vie élégante, lorsque la garde entra, et me dit que le blessé venait de se réveiller.

Je passai aussitôt du salon dans la chambre à coucher.

Là, toute mon attention fut absorbée par le malade.

Cependant, au premier coup d'œil, je m'aperçus que son état n'avait point empiré ; au contraire, les symptômes continuaient d'être favorables.

Je le rassurai donc, car ses craintes continuaient d'être les mêmes, et la fièvre qui l'agitait leur donnait un certain degré d'exagération pénible à voir dans un homme. Maintenant, comment cet homme si faible avait-il accompli cet acte de courage d'insulter un homme connu comme Olivier pour sa facilité à mettre l'épée à la main, et comment, l'ayant insulté, s'était-il conduit sur le terrain comme il avait fait.

C'était un mystère dont le secret devait être l'objet d'un calcul suprême, ou, au contraire, d'une colère incalculée.

Je pensai, au reste, que quelque jour tout cela s'éclaircirait pour moi, peu de secrets demeurant cachés obstinément aux médecins.

Moins préoccupé de son état, je pus alors examiner sa personne ; c'était, comme son appartement, un composé d'anomalies.

Tout ce que l'art avait pu aristocratiser en lui avait pris un certain caractère d'élégance ; ses cheveux d'un blond fade étaient coupés à la mode, ses favoris rares étaient taillés avec régularité.

Mais la main qu'il me tendait pour que je lui tâtasse le pouls était commune, les soins qu'il en avait pris depuis quelque temps n'avaient pu en corriger la grossièreté native ; ses ongles étaient mal faits, rongés, vulgaires ; et, près de son lit, des bottes qu'il avait quittées le matin même indiquaient que son pied était, comme la main, d'origine toute plébéienne.

Comme je l'ai dit, le blessé avait la fièvre, et cependant cette fièvre, quoique assez forte, avait peine à donner de l'expression à ses yeux, qui, à ce que je remarquai, ne se fixaient presque jamais directement ni sur un homme ni sur une chose ; en échange, sa parole était d'une agitation et d'une volubilité extrêmes.

—Ah ! vous voilà donc, mon cher docteur, me dit-il ; eh bien ! vous le voyez, je ne suis pas encore mort, et vous êtes un grand prophète ; mais suis-je hors de danger, docteur ? Ce maudit coup d'épée ! il était bien appliqué. Il passe donc sa vie à faire des armes, ce spadassin, ce calomniateur, ce misérable Olivier ?

Je l'interrompis.

—Pardon, lui dis-je, je suis le médecin et l'ami de monsieur d'Hornoy ; c'est lui que j'ai suivi sur le terrain, et non pas vous.

« Je vous connais de ce matin, monsieur ; et lui, je le connais depuis dix ans.

« Vous comprenez donc que, si vous continuez à l'attaquer, je serai forcé de vous prier de vous adresser à quelqu'un de mes confrères.

—Comment, docteur, s'écria le blessé, vous m'abandonneriez dans l'état où je suis ? ce serait affreux. Sans compter que vous trouverez peu de pratiques qui paieront comme moi.

—Monsieur !

—Oh ! oui, je sais, vous faites tous semblant d'être désintéressés ; puis quand vient, comme on dit, le quart d'heure de Rabelais, vous savez bien présenter votre mémoire.

—C'est possible, monsieur, qu'on ait ce reproche à faire à quelques-uns de mes confrères, mais je vous prouverai, quant à moi, en ne prolongeant pas mes visites au-delà du terme strictement nécessaire, que l'avidité que vous reprochez à mes collègues n'est pas mon défaut dominant.

—Allons, voilà que vous vous fâchez, docteur ?

—Non, je réponds à ce que vous me dites.

—C'est qu'il ne faut pas trop faire attention à ce que je dis ; vous savez, nous autres gentilshommes, nous avons quelquefois la parole un peu leste ; pardonnez-moi donc.

Je m'inclinai, il me tendit la main.

—J'ai déjà tâté votre pouls, lui dis-je, il est aussi bon qu'il peut l'être.

—Allons, voilà que vous me gardez rancune parce que j'ai dit du mal de monsieur Olivier ; il est votre ami, j'ai eu tort ; mais il est tout simple que je lui en veuille, à part le coup d'épée qu'il m'a donné.

—Et que vous êtes venu chercher, répondis-je, d'une façon à ce qu'il ne vous la refusât point, vous en conviendrez.

—Oui, je l'ai insulté ; mais je voulais me battre avec lui, et quand on veut se battre avec les gens il faut bien les insulter.

« Pardon, docteur, voulez-vous me rendre le service de sonner ?

Je tirai le cordon de la sonnette, un des valets entra.

—Est-on venu s'informer de ma santé de la part de monsieur de Macartie ?

—Non, monsieur le baron, répondit le laquais.

—C'est singulier, murmura le malade, visiblement fâché de ce manque d'intérêt.

Il y eut un instant de silence, pendant lequel je fis un mouvement pour prendre ma canne.

—Car vous savez ce qu'il m'a fait, votre ami Olivier ?

—Non. J'ai entendu parler de quelques mots dits sur vous au club, n'est-ce point cela ?

—Il m'a fait, ou plutôt il a voulu me faire manquer un mariage magnifique : une jeune personne de dix-huit ans, belle comme les amours, et cinquante mille livres de rente, rien que cela.

—Et comment a-t-il pu vous faire manquer ce mariage ?

—Par ses calomnies, docteur : en disant qu'il ne connaissait personne de mon nom à la Guadeloupe ; tandis que mon père, le comte de Faverne, possède là-bas deux lieues de terrain, une habitation magnifique avec trois cents noirs. Mais j'ai écrit à monsieur de Malpas, le gouverneur, et dans deux mois ces papiers seront ici ; on verra lequel de nous deux a menti.

—Olivier pourra s'être trompé, monsieur, mais il n'aura pas menti.

—Et, en attendant, voyez-vous, il est cause que celui qui devait être mon beau-père n'envoie pas même demander de mes nouvelles.

—Il ignore peut-être que vous vous êtes battu ?

—Il ne l'ignore pas, puisque je le lui avais dit hier.

—Vous le lui avez dit ?

—Certainement. Lorsqu'il m'a rapporté les propos que monsieur Olivier tenait sur moi, je lui dis : « Ah ! c'est comme cela ! eh bien ! pas plus tard que ce soir, j'irai lui chercher une querelle, à ce beau monsieur Olivier, et l'on verra si j'en ai peur.

Je commençai à comprendre le courage momentané de mon malade. C'était de l'argent placé à cent pour cent ; un duel pouvait lui rapporter une jolie femme et cinquante mille livres de rente ; il s'était battu.

Je me levai.

—Quand vous reverrai-je, docteur ?

—Demain je viendrai lever l'appareil.

—J'espère que si l'on parle de ce duel devant vous, docteur, vous direz que je me suis bien conduit.

—Je dirai ce que j'ai vu, monsieur.

—Ce misérable Olivier, murmura le blessé, j'aurais donné cent mille francs pour le tuer sur le coup.

—Si vous êtes assez riche pour payer cent mille francs à mort d'un homme, répondis-je, vous devez moins regretter votre mariage, qui n'ajoutait que cinquante mille livres de rente à votre fortune.

—Oui ; mais ce mariage me plaçait, ce mariage me permettait de cesser des spéculations hasardeuses ; un jeune homme, d'ailleurs, né avec des goûts aristocratiques, n'est jamais assez riche. Aussi je joue à la Bourse ; il est vrai que j'ai du bonheur : le mois passé j'ai gagné plus de trente mille francs.

—Je vous en fais mon compliment, monsieur. A demain.

—Attendez donc.... je crois qu'on a sonné !

—Oui.

—On vient ?

—Oui.

Un domestique entra.

Pour la première fois, je vis les yeux du baron s'arrêter fixement sur un homme.

—Eh bien ?... demanda-t-il, sans donner le temps au valet de parler.

—Monsieur le baron, dit le valet, c'est monsieur le comte de Macartie qui fait demander de vos nouvelles.

—En personne ?

—Non, il envoie son valet de chambre.

—Ah ! fit le malade, et vous avez répondu ?...

—Que monsieur le baron était grièvement blessé, mais que le docteur avait répondu de lui.

—Est-ce vrai, docteur, que vous répondez de moi ?

—Eh ! oui, mille fois oui, repris-je ; à moins cependant que vous ne fassiez quelque imprudence.

—Oh ! quant à cela, soyez tranquille. Dites-moi, docteur, puisque monsieur le comte de Macartie envoie demander de mes nouvelles, cela prouve qu'il ne croit pas aux propos de monsieur Olivier.

—Sans doute.

—Eh bien ! alors guérissez-moi vite, et vous serez de la noce.

—Je ferai de mon mieux pour arriver à ce but. Je saluai, et je sortis.

IX.

LE BILLET DE CINQ CENTS FRANCS.

Une fois dehors, je respirai plus librement. Chose singulière, c'est homme m'inspirait une répulsion que je ne pouvais comprendre, et qui ressemblait au dégoût qu'on éprouve à la vue d'une araignée ou d'un crapaud ; j'avais hâte de le voir hors de danger pour cesser toute relation avec lui.

Le lendemain, je revins comme je le lui avais promis ; la blessure allait à merveille.

Le propre des plaies faites par les coups d'épée est de tuer raide ou de guérir vite.

La blessure de monsieur de Faverne promettait une guérison radicale.

Huit jours après, il était hors de danger.

Selon la promesse que je m'étais faite, je lui annonçai alors que mes visites devenant parfaitement inutiles, j'allais les cesser à compter du lendemain.

Il insista pour que je revinsse, mais mon parti était pris, je tins bon.

—En tout cas, dit le convalescent, vous ne me refuserez pas de me rapporter vous-même le portefeuille que je vous ai remis : il est d'une trop grande valeur pour le confier à un domestique, et je compte sur ce dernier acte de votre complaisance.

Je m'y engageai.

Le lendemain, je rapportai effectivement le portefeuille ; monsieur de Faverne me fit asseoir près de son lit, et, tout en jouant avec le portefeuille, l'ouvrit. Il pouvait contenir une soixantaine de billets de banque, la plupart de mille francs ; le baron en tira deux ou trois, et s'amusa à les chiffonner.

Je me levai.

—Docteur, reprit-il, n'y a-t-il pas une chose qui vous étonne comme moi ?

—Laquelle ? demandai-je.

—C'est qu'on ait le courage de contrefaire un billet de banque.

—Cela m'étonne, parce que c'est une lâche et infâme action.

—Infâme, peut-être, mais pas si lâche. Savez-vous qu'il faut une main bien ferme pour écrire ces deux petites lignes :

LA LOI PUNIT DE MORT
LE CONTREFACTEUR...

—Oui, sans doute, mais le crime a son courage à lui. Tel qui attend un homme au coin d'un bois pour l'assassiner a presque autant de courage qu'un soldat qui monte à l'assaut, ou qui enlève une batterie ; cela n'empêche pas que l'on décore l'un et qu'on envoie l'autre à l'échafaud.

—A l'échafaud !... Je comprends qu'on envoie un assassin à l'échafaud, mais ne trouvez-vous pas, docteur, que guillotiner un homme pour avoir fait de faux billets, c'est bien cruel ?

Le baron dit ces mots avec une altération de voix et de visage si visible, qu'elle me frappa.

— Vous avez raison, lui dis-je; aussi sais-je de bonne source que l'on doit incessamment adoucir cette peine, et la borner aux galères.

— Vous savez cela, docteur? s'écria vivement le malade; vous savez cela... En êtes-vous sûr?

— Je l'ai entendu dire à celui-là même dont la proposition viendra.

— Au roi. Au fait, c'est vrai, vous êtes médecin par quartier du roi. Ah! le roi a dit cela! Et quand cette proposition doit-elle être faite?

— Je ne sais.

— Informez-vous, docteur, je vous en prie; cela m'intéresse.

— Cela vous intéresse, vous? demandai-je avec surprise.

— Sans doute. Cela n'intéresse-t-il pas tout ami de l'humanité d'apprendre qu'une loi trop sévère est abrogée?

— Elle n'est pas abrogée, monsieur; seulement les galères remplaceront la mort; cela vous paraît-il une bien grande amélioration au sort des coupables?

— Non, sans doute, non! reprit le baron embarrassé; on pourrait même dire que c'est pis; mais au moins la vie et l'espoir restent; le bagne n'est qu'une prison, et il n'y a pas de prison dont on ne parvienne à se sauver.

Cet homme me répugnait de plus en plus; je fis un mouvement pour m'en aller.

— Eh bien! docteur, vous me quittez déjà? dit le baron en roulant avec embarras deux ou trois billets de banque dans sa main, avec l'intention visible de les glisser dans la mienne.

— Sans doute, repris-je en faisant un nouveau pas en arrière; n'êtes-vous pas guéri, monsieur? A quoi donc pourais-je vous être bon maintenant?

— Comptez-vous pour rien le plaisir de votre société?

— Malheureusement, monsieur, nous autres médecins, nous avons peu de temps à donner à ce plaisir, si vif qu'il soit. Notre société, à nous, c'est la maladie, et dès que nous l'avons chassée d'une maison, il faut que nous sortions derrière elle pour la poursuivre dans une autre. Ainsi donc, monsieur le baron, permettez que je prenne congé de vous.

— Mais n'aurai-je donc pas le plaisir de vous revoir?

— J'en doute, monsieur; vous courez le monde, et moi j'y vais peu; mes heures sont comptées, et chacune d'elles a son emploi.

— Mais si cependant je retombais malade?

— Oh! ceci est autre chose, monsieur.

— Ainsi dans ce cas je pourrais compter sur vous?

— Parfaitement.

— Docteur, votre parole.

— Je n'ai pas besoin de vous la donner, puisque je ne ferais qu'accomplir un devoir.

— N'importe, donnez-la-moi toujours.

— Eh bien! monsieur, je vous la donne.

Le baron me tendit de nouveau la main; mais comme je me doutais que cette main renfermait toujours les billets de banque en question, je fis semblant de ne pas voir le geste amical par lequel il prenait congé de moi, et je sortis.

Le lendemain, je reçus sous pli, et avec la carte de monsieur le baron Henry de Faverne, un billet de banque de mille francs et un de cinq cents.

Je lui répondis aussitôt:

« Monsieur le baron,

» Si vous aviez attendu que je vous présentasse mon mémoire, vous auriez vu que je n'estimais pas mon faible mérite si haut que vous voulez bien le faire.

» J'ai l'habitude de fixer moi-même le prix de mes visites; et, pour mettre en repos votre générosité, je vous préviens que je les porte avec vous au plus haut, c'est-à-dire à vingt francs.

» J'ai eu l'honneur de me rendre dix fois chez vous, c'est donc deux cents francs seulement que vous me devez: vous m'avez envoyé quinze cents francs, je vous en renvoie treize cents.

» J'ai l'honneur d'être, etc., etc.

« FABIEN. »

En effet, je gardai le billet de cinq cents francs, et renvoyai au baron de Faverne celui de mille francs avec trois cents francs d'argent; puis je mis ce billet dans un portefeuille où se trouvaient déjà une douzaine d'autres billets de la même somme.

Le lendemain, j'eus quelques emplettes à faire chez un bijoutier. Ces emplettes se montaient à 2,000 francs, je payai avec quatre billets de banque de cinq cents francs chacun.

Huit jours après, le bijoutier, accompagné de deux exempts de police, se présenta chez moi.

Un des quatre billets que je lui avais donnés avait été reconnu faux à la Banque, où il avait un paiement à faire.

On lui avait alors demandé de qui il tenait ces billets, il m'avait nommé, et l'on venait aux enquêtes auprès de moi.

Comme j'avais tiré ces quatre billets d'un portefeuille où, comme je l'ai dit, il y en avait une douzaine d'autres, et que ces billets me venaient de différentes sources, il me fut impossible de donner aucun renseignement à la justice.

Seulement, comme je connaissais mon bijoutier pour un parfait honnête homme, je déclarai que j'étais prêt à rembourser les cinq cents francs si l'on me représentait le billet; mais on me répondit que ce n'était point l'habitude, la banque payant tous les billets qu'on lui présentait, fussent-ils reconnus faux.

Le bijoutier, parfaitement lavé du soupçon d'avoir passé sciemment un faux billet, sortit de chez moi.

Après quelques nouvelles questions, les deux agens de police sortirent à leur tour, et je n'entendis plus parler de cette sale affaire.

X.

UN COIN DU VOILE.

Trois mois s'étaient écoulés lorsque, dans ma correspondance du matin, je trouvai le petit billet suivant:

« Mon cher docteur,

» Je suis vraiment bien malade, et j'ai sérieusement besoin de toute votre science; passez donc aujourd'hui chez moi, si vous ne me gardé pas rencune.

» Votre tout dévoué,

» HENRY, BARON DE FAVERNE,
» rue Taitbout, n° 11. »

Cette lettre, que je rapporte textuellement avec les deux fautes d'orthographe dont elle était ornée, confirma l'opinion que je m'étais faite du manque d'éducation de mon client. Au reste, si, comme il le disait, il était né à la Guadeloupe, la chose était moins étonnante.

On sait en général combien l'éducation des colons est négligée.

Mais, d'un autre côté, le baron de Faverne n'avait ni les petites mains, ni les petits pieds, ni la taille svelte et gracieuse, ni le charmant parler des hommes des tropiques, et, pour moi, il était évident que j'avais affaire à quelque provincial dégrossi par le séjour de la capitale.

Au reste, comme il pouvait effecuvement être malade, je me rendis chez lui.

J'entrai et le trouvai dans un petit boudoir tendu de damas violet et orange.

A mon grand étonnement, cette espèce de réduit était d'un goût supérieur au reste de l'appartement.

Il était à demi couché sur un sofa, dans une pose visiblement étudiée, et vêtu d'un pantalon de soie à pieds et d'une robe de chambre éclatante; il roulait entre ses gros doigts un charmant petit flacon de Klagman ou de Benvenuto Cellini.

— Ah! que c'est bon et gracieux à vous d'être venu me voir, docteur, dit-il en se soulevant à demi et me faisant signe de m'asseoir. Au reste, je ne vous ai pas menti; je suis horriblement souffrant.

— Qu'avez-vous! lui demandai-je; serait-ce votre blessure?

— Non; grâce à Dieu, il n'y paraît pas plus maintenant que si c'était une simple piqûre de sangsue. Non, je ne sais pas, docteur; si je ne craignais pas que vous vous moquiez de moi, je vous dirais que je crois que j'ai des vapeurs.

Je souris.

—Oui, n'est-ce pas, continua-t-il, c'est une maladie que vous réservez exclusivement pour vos belles malades. Mais le fait est qu'il n'en est pas moins vrai que je souffre beaucoup, et cela sans savoir dire ce dont je souffre, ni comment je souffre.

—Diable! ça devient dangereux. Serait-ce de l'hypocondrie?

— Comment dites-vous cela, docteur?

Je répétai le mot; mais je vis qu'il ne présentait aucun sens à l'esprit du baron de Faverne; en attendant, je lui pris la main et posai les deux doigts sur l'artère.

Il avait, en effet, le pouls nerveux et agité.

Pendant que je calculais les battemens de l'artère, on sonna; le baron bondit, et les pulsations se hâtèrent.

—Qu'avez-vous? lui demandai-je.

— Rien, répondit-il, seulement c'est plus fort que moi, quand j'entends une sonnette je tressaille; et puis, tenez, je dois pâlir. Ah! docteur, je vous le dis, je suis bien malade.

En effet, le baron était devenu livide.

Je commençai à croire qu'il n'exagérait point, et qu'en réalité il souffrait beaucoup; seulement j'étais convaincu que cet ébranlement physique avait une cause morale.

Je le regardai fixement, il baissa les yeux, et à la pâleur qui lui avait couvert le visage succéda une vive rougeur.

—Oui, lui dis-je, c'est évident, vous souffrez.

— N'est-ce pas, docteur? s'écria-t-il. Eh bien! j'ai déjà vu deux de vos confrères; car vous avez été si singulier avec moi que je n'osais vous envoyer chercher. Les imbéciles se sont mis à rire quand je leur ai dit que j'avais mal aux nerfs.

— Vous souffrez, repris-je, mais ce n'est point une cause physique qui vous fait souffrir; vous avez quelque douleur morale, une inquiétude grave peut-être.

Il tressaillit.

—Et quelle inquiétude voulez-vous que j'aie? tout, au contraire, va pour le mieux.

« Mon mariage... A propos, vous savez? mon mariage avec mademoiselle de Macartie, que votre monsieur Olivier avait failli faire rompre....

— Oui, eh bien?

— Eh bien, il aura lieu dans quinze jours; le premier ban est publié.... Au reste, il a été bien puni de ses propos, et il m'en a fait ses excuses.

— Comment cela?

— Germain, dit le baron, donnez-moi ce portefeuille qui est sur le coin de la cheminée.

Le domestique obéit, le baron prit le portefeuille et l'ouvrit.

—Tenez, dit-il avec un léger tremblement dans la voix, voici mon acte de naissance: né à la Pointe-à-Pitre, comme vous voyez; puis voici le certificat de monsieur de Malpas, constatant que mon père est un des premiers et des plus riches propriétaires de la Guadeloupe.

On a fait voir ces papiers à monsieur Olivier, et, comme il connaissait la signature du gouverneur, il a été obligé d'avouer que cette signature était bien la sienne.

Tout en poursuivant cet examen, le tremblement nerveux du baron augmentait.

—Vous souffrez davantage? lui dis-je.

— Comment voulez-vous que je ne souffre pas! on me poursuit, on me persécute, la calomnie s'attache à moi. Je ne sais pas si d'un jour à l'autre on ne m'accusera pas de quelque crime. Oh! oui, oui, docteur, vous avez raison, continua le baron en se raidissant, je souffre, je souffre beaucoup.

— Voyons, il faut vous calmer.

— Me calmer, c'est bien aisé à dire! Parbleu! si je pouvais me calmer je serais guéri.

« Tenez, il y a des momens où mes nerfs se raidissent comme s'ils voulaient se rompre, où mes dents se serrent comme si elles voulaient se briser, ou j'entends des bourdonnemens dans ma tête comme si toutes les cloches de Notre-Dame tintaient à mon oreille; alors, continua-t-il, il me semble que je vais devenir fou.

« Docteur, quelle est la mort la plus douce?

— Pourquoi cela?

— C'est qu'il me prend parfois des envies de me tuer.

— Allons donc!

— Docteur, on dit qu'en s'empoisonnant avec l'acide prussique, c'est fait en un instant.

— C'est effectivement la mort la plus rapide que l'on connaisse.

— Docteur, à tout hasard, vous devriez me préparer un flacon d'acide prussique.

— Vous êtes fou.

— Tenez, je vous le paierai ce que vous voudrez, mille écus, six mille francs, dix mille francs: si toutefois vous me répondez qu'on meurt sans souffrir.

Je me levai.

— Eh bien, quoi? me dit-il en me retenant.

— Je regrette, monsieur, que vous me disiez sans cesse de ces choses, qui non seulement abrègent mes visites, mais qui encore rendent de plus longues relations avec vous presque impossibles.

— Non, non, restez, je vous prie; ne voyez-vous pas que j'ai la fièvre, et que c'est cela qui me fait parler ainsi.

Il sonna, le même valet reparut de nouveau.

—Germain, j'ai bien soif, dit le baron; donnez-moi quelque chose à boire.

— Que désire monsieur le baron?

— Vous prendrez bien quelque chose avec moi, n'est-ce pas?

— Non, merci absolument, répondis-je.

— C'est égal, continua-t-il, apportez deux verres et une bouteille de rhum.

Germain sortit.

Germain rentra quelques instans après avec un plateau où étaient les objets demandés; seulement je remarquai que les récipiens, au lieu d'être des verres à liqueur, étaient des verres à vin de bordeaux.

Le baron les remplit tous les deux; seulement sa main tremblait si fort qu'une partie de la liqueur, au moins égale à celle que contenaient les verres, tomba sur le plateau.

—Goûtez cela, dit-il, c'est d'excellent rhum que j'ai rapporté moi-même de la Guadeloupe, où votre monsieur Olivier d'Hornoy prétend que je n'ai jamais été.

— Je vous rends grâce, je n'en bois jamais.

Il prit un de ces deux verres.

—Comment, lui dis-je, vous allez boire cela?

— Sans doute.

— Mais si vous continuez cette vie-là, vous brûlerez jusqu'au gilet de flanelle qui vous couvre la poitrine.

—Est-ce que vous croyez qu'on peut se tuer en buvant beaucoup de rhum ?

—Non, mais on peut se donner une gastro-entérite, dont on meurt un beau jour après cinq ou six ans d'atroces douleurs.

Il reposa le verre sur le plateau ; puis laissant retomber sa tête sur sa poitrine et ses mains sur ses genoux :

—Ainsi, docteur, murmura-t-il avec un soupir, vous reconnaissez donc que je suis bien malade ?

—Je ne dis pas que vous soyez malade, je dis que vous souffrez.

—N'est-ce pas la même chose ?

—Non.

—Et que me conseillez-vous, enfin ? Pour toute souffrance la médecine doit avoir des ressources ; ce ne serait pas la peine alors de payer si cher les médecins.

—Ce n'est pas pour moi que vous dites cela, je présume ? répondis-je en riant.

— Oh non ! vous êtes un modèle en toute chose.

Il prit le verre de rhum et le but sans songer à ce qu'il faisait. Je ne l'arrêtai point, car je voulais voir quelle sensation cette liqueur brûlante produirait sur lui.

La sensation parut être nulle ; on eût dit qu'il venait d'avaler un verre d'eau.

Il était évident pour moi que cet homme avait souvent cherché à s'étourdir par l'usage des boissons alcooliques.

En effet, au bout d'un instant, il parut reprendre quelque énergie.

—Au fait, dit-il, interrompant le silence et répondant à ses propres pensées, au fait, je suis bien bon de me tourmenter ainsi ! Bah ! je suis jeune, je suis riche, je jouis de la vie, cela durera tant que cela pourra.

Il prit le second verre et l'avala comme le premier.

—Ainsi, docteur, dit-il, vous ne me conseillez rien ?

— Si fait, je vous conseille d'avoir confiance en moi et de m'annoncer ce qui vous tourmente.

—Vous croyez donc toujours que j'ai quelque chose que je n'ose pas dire ?

—Je dis que vous avez quelque secret que vous gardez pour vous.

—Important ! dit-il, avec un sourire forcé.

—Terrible.

Il pâlit et prit machinalement le goulot de la bouteille pour se verser un troisième verre.

Je l'arrêtai,

—Je vous ai déjà dit que vous vous tueriez, repris-je.

Il se laissa aller en arrière en appuyant sa tête au lambris.

—Oui, docteur, oui, vous êtes un homme de génie ; oui, vous avez deviné cela tout de suite, vous, tandis que les autres n'y ont vu que du feu ; oui, j'ai un secret, et, comme vous le dites, un secret terrible, un secret qui me tuera plus sûrement que le rhum que vous m'empêchez de boire, un secret que j'ai toujours eu envie de confier à quelqu'un, et que je vous dirais, à vous, si, comme aux confesseurs, vous aviez fait vœu de discrétion ; mais jugez donc, si ce secret me tourmente si fort lorsque j'ai la conviction que moi seul le connais, ce que ce serait si j'avais l'éternel tourment de savoir qu'il est connu par quelque autre.

Je me levai.

—Monsieur, lui dis-je, je ne vous ai pas demandé d'aveu, je ne vous ai pas fait de confidence ; vous m'avez fait venir comme médecin, et je vous ai dit que la médecine n'avait rien à faire à votre état.

« Maintenant, gardez votre secret, vous en êtes le maître, que ce secret pèse sur votre cœur ou sur votre conscience.

« Adieu, monsieur le baron.

Et le baron me laissa sortir sans me répondre, sans faire un mouvement pour me retenir, sans me rappeler ; seulement, en me retournant pour fermer la porte, je pus voir qu'il étendait une troisième fois la main vers cette bouteille de rhum, sa fatale consolatrice.

XI.

UN TERRIBLE AVEU.

Je continuai mes courses ; mais malgré moi je ne pus chasser de ma pensée ce que j'avais vu et entendu, tout en conservant pour ce malheureux le dégoût moral et instinctif que j'ai avoué.

Je commençais à éprouver cette pitié physique, si l'on peut s'exprimer ainsi, que l'homme destiné à souffrir ressent pour tout être qui souffre.

Je dînais en ville, et comme une partie de ma soirée était consacrée à des visites, je ne rentrai chez moi que passé minuit.

On me dit qu'un jeune homme, qui était venu pour me consulter, m'attendait depuis une heure dans mon cabinet ; il paraissait fort agité et n'avait pas voulu le dire.

J'entrai, et je reconnus monsieur de Faverne.

Il était plus pâle et plus agité que le matin ; un livre qu'il avait essayé de lire était ouvert sur le bureau. C'était le traité de toxicologie d'Orfila.

—Eh bien ! lui demandai-je, vous sentez-vous donc plus mal ?

— Oui, me répondit-il, très mal ; il m'est arrivé un événement affreux, une aventure terrible, et je suis accouru pour vous raconter cela. Tenez, docteur, depuis que je suis à Paris, depuis que je mène la vie que vous connaissez, vous êtes le seul homme qui m'ayez inspiré une confiance entière ; aussi, vous le voyez, j'accours vous demander, non pas un remède à ce que je souffre ; vous me l'avez dit, il n'y en a pas, et tout en vous envoyant chercher, je le savais bien, moi, qu'il n'y en a pas ; mais un conseil.

— Un conseil est bien autrement difficile à donner qu'une ordonnance, monsieur, et je vous avoue que j'en donne rarement. On ne demande en général de conseil que pour se corroborer soi-même dans la résolution qu'on a déjà prise ; ou si, indécis encore de ce que l'on fera, on suit le conseil donné, c'est pour avoir le droit de dire un jour au conseiller : C'est votre faute :

— Il y a du vrai dans ce que vous dites là, docteur ; mais, de même que je crois qu'un médecin n'a pas le droit de refuser une ordonnance, je ne crois pas qu'un homme ait le droit de refuser un conseil.

— Vous avez raison, aussi je ne refuse pas de vous le donner ; seulement vous me ferez plaisir de ne pas le suivre.

Je m'assis alors près de lui ; mais au lieu de me répondre il laissa tomber sa tête dans ses mains, et demeura comme anéanti dans ses propres pensées.

— Eh bien ? lui dis-je au bout d'un instant de silence.

— Eh bien ! répondit-il, ce que je vois de plus clair dans tout cela, c'est que je suis perdu.

Il y avait un tel accent de conviction dans ces paroles, que je tressaillis.

— Perdu, vous ? et comment ? demandai-je.

— Sans doute, elle va me poursuivre, elle va dire à tout le monde qui je suis, elle va crier sur les toits mon véritable nom.

— Qui cela ?

— Elle, parbleu !

— Elle ? qui, elle ?

— Marie.

— Qu'est-ce que Marie ?

— Ah ! c'est vrai, vous ne savez pas, vous ; une petite sotte, une petite drôlesse dont j'ai eu la bonté de m'occuper, et à qui j'ai eu la sottise de faire un enfant.

— Eh bien ! mais si c'est une de ces femmes qu'on désintéresse avec de l'argent, vous êtes assez riche.

— Oui, reprit-il en m'interrompant ; mais ce n'est malheureusement point une de ces femmes-là : c'est une fille de village, une pauvre fille, une sainte fille.

— Tout à l'heure vous l'appeliez drôlesse.

— J'avais tort, mon cher docteur, j'avais tort, c'était la colère qui me faisait parler ainsi ; ou plutôt, tenez, tenez, c'était la peur.

— Cette femme peut donc influer d'une manière fatale sur votre destinée ?

— Elle peut empêcher mon mariage avec mademoiselle de Macartie.

— Comment ?

— En disant mon nom, en révélant qui je suis.

— Vous ne vous nommez donc pas de Faverne ?

— Non.

— Vous n'êtes donc pas baron ?

— Non.

— Vous n'êtes donc pas né à la Guadeloupe ?

— Non. Tout cela, voyez-vous, était une fable.

— Alors Olivier avait raison ?

— Oui.

— Mais alors comment monsieur de Malpas, le gouverneur de la Guadeloupe, a-t-il pu certifier ?...

— Silence, dit le baron en me serrant violemment la main, cela c'est mon secret, le secret qui me tue, vous savez.

Nous restâmes un instant muets l'un et l'autre.

— Eh bien ! mais cette femme, cette Marie, vous l'avez donc revue ?

— Aujourd'hui, docteur, aujourd'hui, ce soir.

« Elle a quitté son village, elle est venue à Paris, et elle a tant fait qu'elle m'a découvert, et que ce soir, sans me dire qui elle était, elle s'est présentée chez moi avec son enfant.

— Et vous, qu'avez-vous fait ?

— J'ai dit, reprit monsieur de Faverne d'une voix sombre, j'ai dit que je ne la connaissais pas, et je l'ai fait jeter à la porte par mes gens.

Je me reculai involontairement.

— Vous avez fait cela, vous avez renié votre enfant, vous avez fait chasser sa mère par vos laquais !...

— Que vouliez-vous que je fisse ?

— Ah ! c'est affreux.

— Je le sais bien.

Et nous retombâmes tous les deux dans le silence. Au bout d'un instant, je me levai.

— Et qu'ai-je à faire dans tout cela ? demandai-je.

— Ne voyez-vous pas que j'ai des remords ?

— Je vois que vous avez peur.

— Eh bien, docteur... j'aurais voulu que vous la vissiez, cette femme.

— Moi !

— Oui, vous ; rendez-moi le service de la voir.

— Et où la trouverai-je ?

— Un instant après l'avoir chassée, j'ai écarté le rideau de ma fenêtre, et je l'ai vue assise sur une borne avec son enfant.

— Et vous croyez qu'elle y est encore ?

— Oui.

— Vous l'avez donc revue ?

— Non, je suis sorti par une porte de derrière, et je suis accouru chez vous.

— Et pourquoi n'êtes-vous pas sorti tout bonnement par la grande porte, et dans votre voiture ?

— J'ai eu peur qu'elle ne se jetât sous les pieds des chevaux.

Je frissonnai.

— Que voulez-vous que je fasse dans tout cela ? à quoi puis-je vous être bon ?

— Docteur, rendez-moi un service ; voyez-la, arrangez la chose avec elle ; qu'elle retourne à Trouville avec son enfant ; je lui donnerai ce qu'elle voudra, dix mille francs, vingt mille francs, cinquante mille francs.

— Mais si elle refuse tout cela ?

— Si elle refuse, si elle refuse ; eh bien ! alors... nous verrons.

Le baron prononça ces dernières paroles d'un ton tellement sinistre, que je tremblai pour la pauvre femme.

— C'est bien, monsieur, répondis-je, je la verrai.

— Et vous obtiendrez... qu'elle parte ?

— Je ne puis répondre de cela ; tout ce que je puis vous promettre, c'est de lui parler le langage de la raison, c'est de lui faire envisager la distance qu'il y a de vous à elle.

— La distance ?

— Oui.

— Vous oubliez que je vous ai avoué que je n'étais pas baron ; je suis un paysan, monsieur, un simple paysan, qui, par mon... intelligence, me suis élevé au-dessus de mon état ; seulement, silence, je vous en supplie. Vous comprenez que si monsieur de Macartie savait que je suis un paysan, il ne me donnerait pas sa fille.

— Vous tenez donc énormément à ce mariage ?

— Je vous l'ai dit, c'est le seul moyen de me faire cesser les spéculations hasardeuses auxquelles je suis forcé de me livrer.

— Je verrai cette jeune fille.

— Ce soir ?

— Ce soir. Où la retrouverai-je ?

— Là où je l'ai vue.

— Sur cette borne ?

— Oui.

— Elle y est encore, vous croyez ?

— J'en suis sûr.

— Allons.

Il se leva vivement, s'élança vers la porte, je le suivis. Nous sortîmes.

Je demeurais à cinq cents pas à peine de chez lui ; en arrivant au coin de la rue Taitbout et de celle du Helder, il s'arrêta, et me montrant du doigt quelque chose d'informe que l'on distinguait à peine dans l'ombre.

— Là, là, dit-il.

— Quoi, là ?

— Elle.

— Cette jeune fille ?

— Oui. Moi je rentre par la rue du Helder. La maison, comme vous le savez, à une double entrée... Allez à elle.

— J'y vais.

— Attendez. Un dernier service, je vous prie.

« Il me semble que je deviens fou ; j'ai le vertige ; tout tourne autour de moi... Votre bras, docteur ; conduisez-moi jusqu'à la petite porte.

— Volontiers.

Je lui pris le bras ; il chancelait véritablement comme un homme ivre. Je le conduisis jusqu'à la porte.

— Merci, docteur, merci ; je vous suis bien reconnaissant, je vous jure ; et si vous étiez un de ces hommes qui font payer les services qu'ils rendent, je vous paierais celui-ci ce que vous voudriez.

« Bien ! nous voilà ; vous viendrez demain, n'est-ce pas, me rendre réponse ?

« J'irais bien chez vous ; mais dans la journée je n'oserais sortir, j'aurai peur de la rencontrer.

— Je viendrai.

— Adieu, docteur.

Il sonna, on ouvrit.

— Un instant, dis-je en le retenant, le nom de cette femme ?

— Marie Granger.

— Bien... Au revoir.

Il rentra, et je remontai la rue du Helder pour rentrer dans la rue Taitbout.

En arrivant à l'angle des deux rues, là où j'avais entrevu cette femme, j'entendis une rumeur, et je vis un groupe assez considérable qui s'agitait dans l'ombre.

Je courus.

Une patrouille qui passait avait aperçu cette malheureuse, et comme, interrogée sur ce qu'elle faisait là à deux heures du matin, elle n'avait pas voulu répondre, cette patrouille la conduisait au corps de garde.

La pauvre femme marchait au milieu des gardes nationaux, portant entre ses bras son enfant qui pleurait; mais elle ne versait pas une larme, elle ne poussait pas une plainte.

Je m'approchai aussitôt du chef de la patrouille.

— Pardon, monsieur, lui dis-je, mais je connais cette femme.

Elle leva la tête vivement et me regarda.

— Ce n'est pas lui, dit-elle; et elle laissa retomber sa tête.

— Vous connaissez cette femme, monsieur? me répondit le caporal.

— Oui... elle se nomme Marie Granger, et elle est du village de Trouville.

— C'est mon nom, c'est celui de mon village. Qui êtes-vous, monsieur? au nom du ciel, qui êtes-vous?

— Je suis le docteur Fabien, et je viens de sa part.

— De la part de Gabriel?

— Oui.

— Alors, messieurs, laissez-moi aller, je vous en supplie, laissez-moi aller avec lui!

— Vous êtes bien le docteur Fabien? me demanda alors le chef de la patrouille.

— Voici ma carte, monsieur.

— Et vous répondez de cette femme?

— J'en réponds.

— Alors, monsieur, vous pouvez l'emmener.

— Merci.

Je présentai le bras à la pauvre fille; mais, me montrant d'un geste son enfant qu'elle était obligée de porter.

— Je vous suivrai, monsieur, dit-elle. Où allons-nous?

— Chez moi.

Dix minutes après elle était dans mon cabinet, assise à la place même où une demi-heure auparavant était assis le prétendu baron de Faverne. L'enfant, couché sur une bergère, dormait dans la chambre à côté.

Il se fit entre nous un long silence, qu'elle interrompit la première.

— Eh bien! monsieur, dit-elle, que voulez-vous que je vous raconte?

— Ce que vous croirez nécessaire que je sache, madame. Remarquez que je ne vous interroge pas, j'attends que vous parliez, voilà tout.

— Hélas! ce que j'ai à vous dire est bien triste, monsieur, et cependant cela n'a aucun intérêt pour vous.

— Toute douleur physique ou morale a son mobile ressort, ainsi ne craignez donc pas de me confier la vôtre, si vous croyez que je puisse la soulager.

— Ah! pour la soulager il n'y a que lui, dit la pauvre femme.

— Eh bien! puisque c'est lui qui m'a chargé de vous voir, tout espoir n'est pas perdu.

— Alors, écoutez-moi; mais songez, en m'écoutant, que je ne suis qu'une pauvre paysanne.

— Vous me le dites et je vous crois; cependant à vos paroles on pourrait vous croire d'une condition plus élevée.

— Je suis fille du maître d'école du village où je suis née, cela vous expliquera tout.

« J'ai donc reçu un semblant d'éducation, je sais lire et écrire un peu mieux que ne le font les autres paysannes, voilà tout.

— Alors vous êtes du même pays que Gabriel?

— Oui, seulement j'ai quatre ans ou cinq ans de moins que lui. Aussi loin que je puis me le rappeler, je le vois assis, avec une vingtaine d'autres garçons du village que réunissait mon père, au bout d'une longue table toute déchiquetée par les noms et les dessins qu'y traçaient avec leurs canifs les écoliers auxquels mon père apprenait à lire, à écrire et à compter. C'était le fils d'un brave métayer dont la réputation d'honnêteté était proverbiale.

— Son père vit-il encore?

— Oui, monsieur.

— Mais il a cessé de voir son fils, alors?

— Il ignore où il est, et le croit parti pour la Guadeloupe. Mais attendez, chaque chose viendra à son tour. Excusez mes longueurs, mais j'ai besoin de vous raconter les choses en détail pour que vous nous jugiez tous deux.

Gabriel, quoique grand pour son âge, était faible et maladif, aussi était-il presque toujours menacé, même par des enfans plus jeunes que lui. Je me rappelle alors qu'il n'osait plus sortir avec les autres à l'heure où les écoliers retournent chez leurs parens, et que presque toujours mon père le trouvait sur l'escalier, où il s'était réfugié de peur d'être battu, et où l'on n'osait le venir chercher.

Alors mon père lui demandait ce qu'il faisait là, et le pauvre Gabriel lui répondait en pleurant qu'il avait peur d'être battu.

Aussitôt mon père m'appelait et me donnait pour escorte au pauvre fugitif, qui, sous ma protection, revenait chez lui sain et sauf, car devant moi, la fille du maître d'école, nul n'osait le toucher.

Il en résulte que Gabriel parut me prendre dans une grande affection, et que nous contractâmes l'habitude d'être ensemble : seulement, de sa part, cette affection était de l'égoïsme, et de la mienne de la pitié.

Gabriel apprenait difficilement à lire et à calculer, mais pour l'écriture il avait une très grande facilité; non seulement il possédait en propre une écriture magnifique, mais encore il avait la singulière aptitude d'imiter les écritures de tous ses camarades, et cela à tel point que l'imitation rapprochée de l'original rendait l'auteur même indécis.

Les enfans riaient et s'amusaient de ce singulier talent; mais mon père secouait tristement la tête et disait souvent :

— Crois-moi, Gabriel, ne fais pas de ces choses-là... cela tournera mal.

— Bah! comment voulez-vous que ça tourne, monsieur Granger? disait Gabriel. Je serai maître d'écriture, quoi! voilà tout, au lieu d'être garçon de charrue.

— Ce n'est pas un état que d'être maître d'écriture dans un village, disait mon père.

— Eh bien! j'irai exercer à Paris, répondait Gabriel.

Quant à moi, qui ne voyais pas le mal qu'il pouvait y avoir à imiter l'écriture des autres, ce talent, qui chaque jour faisait chez Gabriel de nouveaux progrès, m'amusait beaucoup.

Car Gabriel ne se bornait plus à imiter les écritures seules, Gabriel imitait tout.

Une gravure lui était tombée entre les mains, et, avec une patience miraculeuse, il l'avait copiée ligne pour ligne, avec une telle exactitude, que n'eût été la grandeur du papier et la couleur de l'encre, il eût été difficile de dire, à l'inspection de l'original et de la copie, quelle était l'œuvre de la plume et quelle était l'œuvre du burin. Le pauvre père, qui voyait dans cette gravure ce qu'elle était réellement, c'est-à-dire un chef-d'œuvre, la fit encadrer par le vitrier du village, et la montra à tout le monde.

Le maire et l'adjoint la vinrent voir, et le maire s'en alla en disant à l'adjoint :

— Ce garçon-là a sa fortune au bout des doigts.

Gabriel entendit ces paroles.

Mon père lui avait appris tout ce qu'il pouvait lui apprendre; Gabriel rentra dans sa métairie.

Comme il était l'aîné de deux autres enfans, et que Thomas n'était pas riche, il lui fallut commencer à travailler.

Mais le travail de la charrue lui était insupportable.

Tout au contraire des paysans, Gabriel aurait voulu se coucher et se lever tard; son grand bonheur était de veiller jusqu'à minuit, et de faire avec sa plume toutes sortes de lettres ornées, de dessins et d'imitations : aussi l'hiver était-il son temps heureux, et les veilles ses heures de fête.

D'un autre côté, son dégoût pour les travaux de l'agriculture faisait le désespoir de son père. Thomas Lambert n'était pas assez riche pour garder chez lui une bouche inutile. Il avait cru que la présence de Gabriel lui épargnerait un garçon de charrue. Il vit, à son grand regret, qu'il s'était trompé.

XII.

DÉPART POUR PARIS.

Un jour, heureusement ou malheureusement, le maire, qui avait prédit que Gabriel avait une fortune au bout des doigts, revint faire une visite au père Thomas, et lui proposa de prendre Gabriel comme son secrétaire, à raison de cent cinquante francs par an et la nourriture.

Gabriel accueillit la proposition comme une bonne fortune; mais le père Thomas secoua la tête en disant :

— Où cela te mènera-t-il, garçon?

Tous deux n'en acceptèrent pas moins l'offre du maire, et Gabriel quitta définitivement la charrue pour la plume.

Nous étions restés bons amis, Gabriel paraissait même avoir de l'amour pour moi; quant à moi, je l'aimais de tout mon cœur.

Tous les soirs, comme c'est l'habitude dans les villages, nous allions nous promener ensemble, tantôt sur les bords de la mer, tantôt sur les rives de la Touque.

Personne ne s'en tourmentait; nous étions pauvres tous deux, nous nous convenions donc parfaitement.

Seulement Gabriel semblait avoir un ver rongeur dans l'âme; ce ver rongeur, c'était le désir de venir à Paris; il était convenu que s'il venait à Paris il y ferait fortune.

Paris était donc pour nous le fond de toute conversation. Paris était la ville magique qui devait nous ouvrir à tous deux la porte de la richesse et du bonheur.

Je me laissais aller à la fièvre qui l'agitait, et je répétais de mon côté :

— Oh! oui, Paris! Paris!

Dans nos rêves d'avenir, nous avions toujours si bien enchaîné l'un à l'autre nos deux existences, que je me regardais d'avance comme la femme de Gabriel, quoique jamais un mot de mariage n'eût été échangé entre nous; quoique jamais, je dois le dire, aucune promesse n'eût été faite.

Le temps s'écoulait.

Gabriel, à même de se livrer à son occupation favorite, écrivait toute la journée, tenait tous les registres de la mairie avec une propreté et un goût admirables.

Le maire était enchanté d'avoir un tel secrétaire.

L'époque des élections arrivait : un des députés qui devaient se mettre sur les rangs était déjà en tournée; il vint à Trouville; Gabriel était la merveille de Trouville; on lui montra les registres de la mairie, et le soir Gabriel lui fut présenté.

Le candidat avait rédigé une circulaire, mais il n'y avait d'imprimerie qu'au Havre; il fallait envoyer le manifeste à la ville, et c'était trois ou quatre jours de retard.

Or, la distribution de ce manifeste était urgente, le candidat ayant rencontré une opposition plus grande qu'il ne s'y attendait.

Gabriel proposa de faire, dans la nuit et dans la journée du lendemain, cinquante circulaires. Le député lui promit cent écus s'il lui livrait ces cinquante exemplaires dans les vingt-quatre heures. Gabriel répondit de tout, et, au lieu de cinquante manifestes, il en livra soixante-dix.

Le candidat, au comble de la joie, lui donna cinq cents francs au lieu de trois cents, et lui promit de le recommander à un riche banquier de Paris qui, sur sa recommandation, le prendrait probablement pour secrétaire.

Gabriel accourut, ce soir-là, ivre de joie.

— Marie, me dit-il, Marie, nous sommes sauvés; avant

un mois, je partirai pour Paris. J'aurai une bonne place, alors je t'écrirai, et tu viendras me rejoindre.

Je ne pensai même pas à lui demander si c'était comme sa femme, tant l'idée était loin de moi que Gabriel pût me tromper.

Je lui demandai alors l'explication de cette promesse, qui était encore une énigme pour moi. Il me raconta tout, me dit la protection du banquier, et me montra un papier imprimé.

— Qu'est-ce que ce papier? lui demandai-je.

— Un billet de cinq cents francs, dit-il.

— Comment!... m'écriai-je, ce chiffon de papier vaut cinq cents francs ?

— Oui, dit Gabriel, et si nous en avions seulement vingt comme celui-là, nous serions riches.

— Cela nous ferait dix mille francs, repris-je.

Pendant ce temps, Gabriel dévorait le papier des yeux.

— A quoi penses-tu, Gabriel ? lui demandai-je.

— Je pense, dit-il, qu'un pareil billet n'est pas plus difficile à imiter qu'une gravure.

— Oui... mais, lui dis-je, cela doit être un crime?

— Regarde, dit Gabriel.

Et il me montra ces deux lignes écrites au bas du billet :

« LA LOI PUNIT DE MORT
LE CONTREFACTEUR. »

— Ah! sans cela, s'écria-t-il, nous en aurions bientôt dix, et vingt, et cinquante.

— Gabriel, repris-je toute frissonnante, que dis-tu donc là ?

— Rien, Marie, je plaisante.

Et il remit le billet dans sa poche.

Huit jours après, les élections eurent lieu.

Malgré les circulaires, le candidat ne fut point nommé. Après son échec, Gabriel se présenta chez lui pour lui rappeler sa promesse ; mais il était déjà parti.

Gabriel revint au désespoir. Selon toute probabilité, le député manqué oublierait la promesse qu'il avait faite au pauvre secrétaire de la mairie.

Tout à coup une idée parut germer dans son esprit, il s'y arrêta en souriant ; puis, au bout d'un instant, il dit :

— Heureusement que j'ai gardé l'original de cette bête de circulaire.

Et il me montra cet original écrit et signé de la main du candidat.

— Et que feras-tu de cet original ? lui demandai-je.

— Oh! mon Dieu! rien du tout, répondit Gabriel; seulement dans l'occasion ce papier pourrait me rappeler à son souvenir.

Puis il ne me parla plus de ce papier, et parut avoir oublié jusqu'à l'existence de la circulaire.

Huit jours après, le maire vint trouver Thomas Lambert, une lettre à la main. Cette lettre était du candidat qui avait échoué.

Contre toute attente, il avait tenu sa promesse, et écrivait au maire qu'il avait trouvé chez un des premiers banquiers de Paris une place de commis pour Gabriel. Seulement on exigeait un surnumérariat de trois mois. C'était un sacrifice de temps et d'argent nécessaire, après quoi Gabriel toucherait dix-huit cents francs d'appointements.

Gabriel accourut me faire part de cette nouvelle; mais, en même temps qu'elle le comblait de joie, elle m'attristait profondément.

J'avais bien parfois, excitée par les rêves de Gabriel, désiré Paris comme lui, mais pour moi Paris était seulement un moyen de ne pas quitter l'homme que j'aimais; toute mon ambition, à moi, se bornait à devenir la femme de Gabriel, et la chose me paraissait bien plus assurée avec l'humble et monotone existence du village que dans le rapide et ardent tourbillon de la capitale.

A cette nouvelle, je me mis donc à pleurer.

Gabriel se jeta à mes genoux, et essaya de me rassurer

par ses promesses et par ses protestations; mais un pressentiment profond et terrible me disait que tout était fini pour moi.

Cependant le départ de Gabriel était décidé.

Thomas Lambert consentait à faire un petit sacrifice. Le maire, moyennant hypothèque, bien entendu, lui prêta cinq cents francs; et, comme personne ne savait la libéralité du candidat, Gabriel se trouva possesseur d'une somme de mille francs.

Il fut convenu pour tout le monde qu'il partirait le même soir pour Pont-l'Évêque, d'où une voiture devait le conduire à Rouen; mais entre nous deux il fut arrêté qu'il ferait un détour, et reviendrait passer la nuit auprès de moi.

Je devais laisser la croisée de ma chambre ouverte.

C'était la première fois que je le recevais ainsi, et j'espérais être aussi forte, dans cette dernière entrevue, contre lui et contre mon cœur, que je l'avais toujours été.

Hélas! je me trompais! Sans cette nuit, je n'eusse été que malheureuse. Par cette nuit, je fus perdue.

Au point du jour, Gabriel me quitta; il fallait nous séparer. Je le reconduisis par la porte du jardin qui donnait sur les dunes.

Là, il me renouvela toutes ses promesses; là, il me jura de nouveau qu'il n'aurait jamais d'autre femme que moi, et il endormit du moins mes craintes, s'il n'endormit point mes remords.

Nous nous quittâmes. Je le perdis de vue au coin du mur, mais je courus pour le revoir encore; et, en effet, je l'aperçus qui suivait d'un pas rapide le sentier qui conduisait à la grande route.

Il me sembla qu'il y avait dans la rapidité de ce pas quelque chose qui contrastait singulièrement avec ma douleur à moi.

Je le rappelai par un cri.

Il se retourna, agita son mouchoir en signe d'adieu, et continua son chemin.

En tirant son mouchoir, il fit, sans s'en apercevoir, tomber un papier de sa poche.

Je le rappelai, mais, sans doute de peur de se laisser attendrir, il continua son chemin; j'accourus après lui.

J'arrivai jusqu'à la place où le papier était tombé, et je le trouvai à terre.

C'était un billet de cinq cent francs; seulement il était sur un autre papier que celui que j'avais vu. Alors je rassemblai toutes mes forces, et j'appelai Gabriel une dernière fois; il se retourna, me vit agiter le billet, s'arrêta, fouilla dans toutes ses poches, et, s'apercevant sans doute qu'il avait perdu quelque chose, revint vers moi en courant.

— Tiens, lui dis-je, tu avais perdu ceci, et j'en suis bien heureuse, puisque je peux t'embrasser encore une dernière fois.

— Ah! me dit-il en riant, c'est pour toi seule que je reviens, chère Marie, car ce billet ne vaut rien.

— Comment, il ne vaut rien?

— Non, le papier n'est point pareil à celui-ci.

Et il tira l'autre billet de sa poche.

— Eh bien! qu'est-ce que ce billet alors?

— Un billet que je me suis amusé à imiter, mais qui n'a aucune valeur; tu vois bien, chère Marie, c'est pour toi seule que je reviens.

Et, comme pour me donner une dernière preuve de cette vérité, il déchira le billet en petits morceaux, et abandonna les morceaux au vent.

Puis, il me renouvela encore une fois ses promesses et ses protestations, et comme le temps pressait et qu'il sentait que je n'avais plus la force de me tenir debout, il m'assit sur le bord du fossé, me donna un dernier baiser, et partit.

Je le suivis des yeux, et les bras étendus vers lui tant que je pus le voir; puis, lorsqu'un détour du chemin me l'eut dérobé, je cachai ma tête entre mes deux mains et je me mis à pleurer.

Je ne sais combien de temps je restai ainsi concentrée et perdue dans ma douleur.

Je revins à moi au bruit que j'entendais autour de moi. Ce bruit était occasionné par une petite fille du village qui faisait paître ses brebis et qui me regardait avec étonnement, ne comprenant rien à mon immobilité.

Je relevai la tête.

— Tiens, dit-elle, c'est vous, mademoiselle Marie; pourquoi donc que vous pleurez?

J'essuyai mes yeux en tâchant de sourire.

Et puis, comme pour me rattacher à lui par les choses qu'il avait touchées, je me mis à ramasser les morceaux de papier qu'il avait jetés au vent; enfin, songeant que mon père pouvait se lever et s'inquiéter où j'étais, je repris hâtivement le chemin de la maison.

J'avais fait vingt pas à peine que j'entendis qu'on m'appelait: je me retournai, et je vis que la petite bergère courait après moi.

Je l'attendis.

— Que me veux-tu, mon enfant? lui demandai-je.

— Mademoiselle Marie, me dit-elle, j'ai vu que vous ramassiez tous les petits papiers, en voilà un que vous avez oublié.

Je jetai les yeux sur ce que l'enfant me présentait: c'était en effet un fragment du billet si habilement imité par Gabriel.

Je le pris des mains de la petite fille, et je jetai les yeux dessus.

Par un hasard étrange, c'était la portion du billet sur laquelle était écrite cette fatale menace :

LA LOI PUNIT DE MORT
LE CONTREFACTEUR.

Je frissonnai sans pouvoir comprendre d'où me venait la terreur qui instinctivement s'emparait de moi. A ces deux lignes seules peut-être on eût pu s'apercevoir que le billet était imité. Il était visible que la main de Gabriel avait tremblé en les écrivant ou plutôt en les gravant.

Je laissai tomber tous les autres morceaux et je ne conservai que celui-là.

Je rentrai sans que mon père m'aperçût.

Mais en entrant dans cette chambre où Gabriel avait passé la nuit, tout en moi éveilla un remords. Tant qu'il avait été là, la confiance que j'avais en lui m'avait soutenue; lui absent, chacun des détails qui devaient atténuer cette confiance revenait à mon souvenir, et je me sentis véritablement isolée avec ma faute.

XIII.

CONFESSION.

Huit jours s'écoulèrent sans que j'eusse aucune nouvelle de Gabriel; enfin, le matin du huitième jour amena une lettre de lui.

Il était arrivé à Paris, avait été installé, disait-il, chez son banquier, et demeurait, en attendant, dans un petit hôtel de la rue des Vieux-Augustins.

Puis venait une description de Paris, de l'effet que la capitale avait produit sur lui.

Il était ivre de joie.

Un post-scriptum m'annonçait que dans trois mois je partagerais son bonheur.

Au lieu de me tranquilliser, cette lettre m'attrista profondément; et cela sans que je pusse comprendre pourquoi.

Je sentais qu'un malheur planait au-dessus de ma tête et était prêt à s'abattre sur moi.

Je lui répondis cependant comme si j'étais joyeuse de

sa joie; j'avais l'air de croire à cet avenir qu'il me promettait, et qu'une voix intérieure me criait n'être point fait pour moi.

Quinze jours après, je reçus une seconde lettre. Celle-là me trouva dans les larmes.

✦ Hélas! si Gabriel ne tenait pas sa promesse envers moi, j'étais une fille déshonorée : dans huit mois j'allais être mère.

Je balançai quelque temps pour savoir si j'annoncerais cette nouvelle à Gabriel.

Mais je n'avais que lui au monde à qui je pusse me confier. D'ailleurs il était de moitié dans ma faute, et si quelqu'un me soutenait il était juste que ce fût lui.

Je lui répondis donc de hâter autant qu'il le pourrait l'instant de notre réunion, en lui disant qu'à l'avenir ses efforts auraient pour but non-seulement notre bonheur, mais encore celui de notre enfant.

Je m'attendais à recevoir une lettre poste pour poste, ou plutôt, à peine cette lettre envoyée, je tremblais de n'en plus recevoir du tout : car, ainsi que je l'ai dit, un sourd pressentiment me criait que tout était fini pour moi.

En effet, ce ne fut pas à moi que Gabriel répondit, mais à son père : il lui annonçait que le banquier chez lequel il était placé, ayant des intérêts majeurs à la Guadeloupe, et ayant reconnu chez lui plus d'intelligence que chez ses compagnons de bureau, venait de le charger d'aller régler ces intérêts, lui promettant, à son retour, de l'associer pour une part dans ses bénéfices. En conséquence, il annonçait qu'il partait le jour même pour les Antilles, et qu'il ne pouvait fixer l'époque de son retour.

En même temps, sur l'argent que le banquier lui avait donné pour son voyage, il renvoyait à son père les cinq cents francs qu'il avait empruntés pour lui.

Cette somme était représentée par un billet de banque.

Un *post-scriptum* disait de plus à son père que, n'ayant pas le temps de m'écrire, il le priait de m'annoncer cette nouvelle.

Comme on le comprend bien, le coup fut terrible.

Cependant, n'ayant jamais reçu de Gabriel aucune réponse poste pour poste, j'ignorais le nombre de jours qu'employait une lettre pour aller à Paris, et par conséquent en combien de temps on pouvait recevoir sa réponse.

J'avais donc encore un espoir, c'est que sa lettre à son père avait probablement été écrite avant qu'il eût reçu la mienne.

J'allai chez le maire sous un prétexte quelconque, et lui demandai des informations à ce sujet. Je le trouvai tenant à la main le billet que venait de lui rendre le père Thomas.

—Eh bien, Marie, dit-il en me voyant, ton amoureux est donc en train de faire fortune.

Je ne lui répondis qu'en fondant en larmes.

— Eh bien! quoi, me dit-il, cela te fait de la peine que Gabriel s'enrichisse? Moi, je l'avais toujours dit, ce garçon-là a sa fortune au bout des doigts.

— Hélas! monsieur, lui dis-je, vous vous méprenez sur mes sentiments ; je remercierai toujours le ciel de toute chose heureuse qui arrivera à Gabriel ; seulement, j'ai peur qu'au milieu de son bonheur il ne m'oublie.

— Ah! quant à cela, ma pauvre Marie, me répondit le maire, je ne voudrais pas en répondre, et si j'ai un conseil à te donner, vois-tu, l'occasion se présentant, c'est de prendre les devans sur Gabriel. Tu es une fille laborieuse, rangée, sur laquelle il n'y a jamais eu rien à dire, malgré ton intimité avec Gabriel, eh bien, ma foi! le premier beau garçon qui se présentera pour le remplacer, je l'accepterais ; et tiens, pas plus tard qu'hier, André Morin le pêcheur, tu sais, me parlait de cela.

Je l'interrompis.

—Monsieur le maire, lui dis-je, je serai la femme de Gabriel, ou je resterai fille ; il y a entre nous des promesses qu'il peut oublier, lui, mais que moi je n'oublierai jamais.

— Oui, oui, dit-il, je connais cela ; voilà comme elles se perdent toutes, ces pauvres malheureuses; enfin, fais comme tu voudras, mon enfant, je n'ai aucun pouvoir sur toi, mais si j'étais ton père, je sais bien ce que je ferais, moi.

Je pris près de lui les informations que je venais y chercher, et je revins chez moi en calculant le temps écoulé.

Gabriel avait écrit à son père après avoir reçu ma lettre.

J'attendis vainement le lendemain, le surlendemain, pendant toute la semaine, pendant tout le mois ; je ne reçus aucune nouvelle de Gabriel.

Un espoir m'avait d'abord soutenue, c'est que, n'ayant pas eu le temps de m'écrire de Paris, il m'écrirait du port où il s'embarquerait, ou, s'il ne m'écrivait point de ce port, il m'écrirait au moins de la Guadeloupe.

Je me procurai une carte géographique, et je demandai à l'un de nos marins, qui avait fait plusieurs voyages en Amérique, quelle était la route que suivaient les bâtimen pour se rendre à la Guadeloupe.

Il me traça une longue ligne au crayon, et j'eus au moins une consolation, ce fut de voir quel chemin suivait Gabriel en s'éloignant de moi.

Il fallait trois mois pour que je reçusse de ses nouvelles. J'attendis avec assez de calme l'expiration de ces trois mois, mais rien ne vint, et je restai dans cette demi-obscurité terrible qu'on appelle doute et qui est cent fois pire que la nuit.

Cependant le temps s'écoulait, toutes ces sensations intimes qui annoncent en soi l'existence d'un être qui se forme de notre être se faisaient ressentir. Sensations délicieuses, sans doute, dans l'état ordinaire de la vie, et quand l'existence de cet être est le résultat des conditions de la société ; sensations douloureuses, amères, terribles, quand chaque tressaillement rappelle la faute et présage le malheur.

J'étais enceinte de six mois. Jusque-là, j'avais caché avec bonheur ma grossesse à tous les yeux, mais une idée affreuse me poursuivait : c'est qu'en continuant à me serrer ainsi, je pouvais porter atteinte à l'existence de mon enfant.

La Pâque approchait. C'est, comme on le sait, dans nos villages, l'époque des dévotions générales. Une jeune fille qui ne ferait pas ses pâques serait montrée au doigt par toutes ses compagnes.

J'avais au fond du cœur des sentimens trop religieux pour m'approcher du confessionnal sans faire une révélation complète de ma faute, et, cependant, chose étrange ! je voyais approcher l'époque de cette révélation avec une certaine joie mêlée de crainte.

C'est que notre curé était un de ces braves prêtres, d'autant plus indulgens pour les fautes des autres, qu'ils n'ont point à leur faire expier leurs propres péchés.

C'était un saint vieillard aux cheveux blancs, à la figure calme et souriante, dans lequel le faible, le malheureux ou le coupable sentent à la première vue qu'ils trouveront un appui.

J'étais donc d'avance bien résolue à tout lui dire, et à me laisser guider par ses conseils.

La veille du jour où toutes les jeunes filles devaient aller à confesse, je me présentai donc chez lui.

Ce fut, je l'avoue, avec un terrible serrement de cœur que je portai la main à la sonnette du presbytère. J'avais attendu la nuit, pour que personne ne me vît entrer à la cure, où, dans d'autres temps, j'allais ouvertement deux ou trois fois par semaine; sur le seuil, le cœur me manqua, et je fus obligée de m'appuyer au mur pour ne pas tomber.

Cependant, je repris mes forces ; et, par un mouvement brusque et saccadé, je sonnai.

La vieille servante vint aussitôt m'ouvrir.

Comme je l'avais pensé, le curé était seul, dans une petite chambre retirée, où, à la lueur d'une lampe, il lisait son bréviaire.

Je suivis la vieille Catherine, qui ouvrit la porte et m'annonça.

Le curé leva la tête. Toute sa belle et calme figure se trouva alors dans la lumière, et je compris que s'il y a au monde une consolation pour certains malheurs irréparables, c'est de confier son malheur à de pareils hommes.

Cependant, je restais près de la porte et n'osais avancer.

— C'est bien, Catherine, dit le curé, laissez-nous; et si quelqu'un venait me demander....

— Je dirai que monsieur le curé n'y est pas? répondit la vieille gouvernante.

— Non, dit le curé, car il ne faut pas mentir, ma bonne Catherine; vous direz que je suis en prières.

— Bien, monsieur le curé, dit Catherine.

Et elle se retira en fermant la porte derrière elle.

Je restai immobile et sans dire un mot.

Le curé me chercha des yeux dans l'obscurité, où la lumière circonscrite de la lampe me laissait; puis, m'ayant aperçue, il tendit la main de mon côté et me dit:

— Viens, ma fille.... je t'attendais.

Je fis deux pas, je pris sa main et je tombai à ses genoux.

— Vous m'attendiez, mon père, lui dis-je; mais vous savez donc alors ce qui m'amène?

— Hélas! je m'en doute, répondit le digne prêtre.

— Oh! mon père, mon père, je suis bien coupable, m'écriai-je en éclatant en sanglots.

— Dis, ma pauvre enfant, répondit le prêtre, dis que tu es bien malheureuse.

— Mais, mon père, peut-être ne savez-vous pas tout; car, enfin, comment auriez-vous pu deviner!

— Écoute, ma fille, je vais te le dire, reprit le prêtre; car aussi bien c'est t'épargner un aveu, et, même avec moi, n'est-ce pas, cet aveu te serait pénible.

— Oh! je sens maintenant que je puis tout vous dire; n'êtes vous pas le ministre du Dieu qui sait tout?

— Eh bien! parle, mon enfant, dit le prêtre; parle, je t'écoute.

— Mon père, lui dis-je, mon père!...

Et ma voix s'arrêta dans ma poitrine; j'avais trop présumé de mes forces; je ne pouvais pas aller plus loin.

— Je me suis douté de tout cela, dit le prêtre, le jour même du départ de Gabriel. Ce jour-là, ma pauvre enfant, je t'ai vue sans que tu me visses.

« J'avais été appelé dans la nuit pour recevoir la confession d'un mourant, et je revenais à quatre heures du matin lorsque je rencontrai Gabriel, que tout le monde croyait parti de la veille au soir.

« En m'apercevant, il se jeta derrière une haie, et je fis semblant de ne pas le voir: cent pas plus loin, sur le bord d'un fossé, je trouvai une jeune fille assise, la tête dans ses mains; je te reconnus, mais tu ne levas pas la tête.

— Je ne vous entendis pas, mon père, répondis-je, j'étais tout entière à la douleur de le quitter!

— Je passai donc. D'abord j'avais eu envie de m'arrêter et de te parler. Cependant cette idée me retint, que tu m'avais peut-être entendu, mais que, comme Gabriel, tu espérais sans doute te cacher; je continuai donc mon chemin. En tournant le coin du mur du jardin de ton père, je vis que la porte était ouverte; alors je compris tout: Gabriel, que tout le monde croyait parti, avait passé la nuit près de toi.

— Hélas! hélas! mon père, c'est malheureusement la vérité.

— Puis tu cessas de venir à la cure comme tu y venais, et je me dis: Pauvre enfant! elle ne vient pas parce qu'elle craint de trouver en moi un juge, mais je le reverrai au jour où elle aura besoin du pardon.

Mes sanglots redoublèrent.

— Eh bien! me demanda le curé, que puis-je faire pour toi? voyons, mon enfant.

— Mon père, lui dis-je, je voudrais savoir si Gabriel est bien véritablement parti ou s'il est toujours à Paris.

— Comment, tu doutes....

— Mon père, une idée terrible m'est passée dans l'esprit, c'est que c'est pour se débarrasser de moi que Gabriel a écrit qu'il partait.

— Et qui peut te faire croire cela? demanda le prêtre.

— D'abord son silence; si pressé qu'il fût au moment du départ, il avait toujours le temps de m'écrire un mot; si ce n'était point de Paris, du moins du lieu où il s'est embarqué, puis de là-bas, s'il y était. Ne m'eût-il pas donné de ses nouvelles? ne sait-il pas qu'une lettre de lui c'est ma vie, et peut-être la vie de mon enfant?

Le curé poussa un soupir.

— Oui, oui, murmura-t-il, l'homme en général est égoïste, et je ne veux calomnier personne; mais Gabriel, Gabriel! Ma pauvre enfant, j'ai toujours vu avec peine ton grand amour pour cet homme-là.

— Que voulez-vous, mon père! nous avons été élevés ensemble, nous ne nous sommes jamais quittés; que voulez-vous! il me semblait que la vie continuerait comme elle avait commencé.

— Eh bien! tu dis donc que tu désires savoir....

— Si Gabriel est bien réellement parti de Paris.

— C'est facile, et il me semble que par son père.... Écoute, m'autorises-tu à tout dire à son père?

— J'ai remis ma vie et mon honneur entre vos mains, mon père, repris-je, faites-en ce que vous voudrez.

— Attends-moi, ma fille, dit le prêtre, je vais chez Thomas-Lambert.

Le prêtre sortit.

Je restai à genoux comme j'étais, appuyant ma tête sur le bras du fauteuil, sans prier, sans pleurer, perdue dans mes pensées.

Au bout d'un quart d'heure, la porte se rouvrit.

J'entendis des pas qui se rapprochaient de moi et une voix qui me dit:

— Relève-toi, ma fille, et viens dans mes bras.

Cette voix était celle de Thomas Lambert.

Je relevai la tête, et je me trouvai en face du père de Gabriel.

C'était un homme de quarante-cinq à quarante-huit ans, renommé pour sa probité, et je ne veux calomnier personne; mais Gabriel... un de ces hommes qui ne connaissent qu'une chose, l'accomplissement de la parole donnée.

— Mon fils t'a-t-il jamais dit qu'il t'épouserait, Marie? me demanda-t-il; voyons, réponds-moi comme tu répondrais à Dieu.

— Tenez, lui dis-je; et je lui présentai la lettre de Gabriel, où il me promettait que dans trois mois j'irais le rejoindre, et dans laquelle il m'appelait sa femme.

— Et c'est dans la conviction qu'il serait ton mari que tu lui as cédé?

— Hélas! je lui ai cédé, répondis-je, parce qu'il allait partir et parce que je l'aimais.

— Bien répondu, dit le prêtre, en secouant la tête en signe d'approbation; bien répondu, mon enfant.

— Oui, vous avez raison, monsieur le curé, dit Thomas, bien répondu. Marie, reprit-il, tu es ma fille, et ton enfant est mon enfant; dans huit jours nous saurons où est Gabriel.

— Comment cela, demandai-je.

— Depuis longtemps j'avais l'intention de faire un voyage à Paris pour régler certains intérêts avec mon propriétaire en personne. Je partirai demain. Je me présenterai chez le banquier, et partout où sera Gabriel je lui écrirai au nom de mon autorité de père pour le sommer de tenir sa parole.

— Bien, dit le curé, bien, Thomas; et moi je joindrai une lettre à la vôtre, dans laquelle je lui parlerai au nom de la religion.

Je les remerciai tous deux, comme Agar dut remercier l'ange qui lui indiquait la source où elle allait désaltérer son enfant.

Puis, comme je me retirais, le curé me reconduisit.

—A demain, me dit-il.

— O mon père, répondis-je, je puis donc encore me présenter à l'église avec mes compagnes ?

— Et pour qui donc l'Église garderait-elle ses consolations, dit le prêtre, si ce n'est pour les malheureux ? Viens, mon enfant, viens avec confiance ; tu n'es ni la Madeleine ni la femme adultère, et Dieu leur a pardonné à toutes deux.

Le lendemain je me confessai et reçus l'absolution.

Le surlendemain, jour de Pâques, je communiai avec mes compagnes.

XIV.

SUITE DE LA CONFESSION.

Dès la veille, comme il l'avait annoncé, Thomas Lambert était parti pour Paris.

Huit jours s'écoulèrent pendant lesquels chaque matin j'allai voir chez le curé s'il avait reçu des nouvelles du père Thomas ; pendant ces huit jours aucune lettre n'arriva.

Le soir du dimanche qui suivait celui de Pâques, je vis entrer vers les sept heures du soir la vieille Catherine ; elle venait me chercher de la part de son maître.

Je me levai toute tremblante et je me hâtai de la suivre ; cependant je n'eus point le courage de franchir la distance qui séparait la maison de mon père du presbytère sans l'interroger.

Elle me dit que le père Thomas venait d'arriver de Paris à l'instant même. Je n'eus pas la force de lui en demander davantage.

J'arrivai.

Tous deux étaient dans le petit cabinet où avait déjà eu lieu la scène que je viens de raconter. Le curé était triste et le père Thomas était sombre et sévère.

Je restai debout contre la porte ; je sentais que ma cause était jugée et perdue.

—Du courage, mon enfant, me dit le prêtre ; car voilà Thomas qui nous apporte de mauvaises nouvelles.

— Gabriel ne m'aime plus, m'écriai-je.

— On ne sait pas ce qu'est devenu Gabriel, me dit le curé.

— Comment cela ? m'écriai-je ; le vaisseau qui le portait est-il perdu ? Gabriel est-il mort ?

— Plût au ciel, dit son père, et que toute la fable qu'il nous a faite fût une vérité !

— Quelle fable ? demandai-je effrayée, car je commençais à tout voir comme à travers un voile.

— Oui, dit le père, je me suis présenté chez le banquier ; le banquier n'a pas su ce que je voulais lui dire, il n'a jamais eu de commis appelé Gabriel Lambert, il n'a aucun intérêt à la Guadeloupe.

— Oh ! mon Dieu ! mais alors il fallait aller chez celui qui lui a procuré cette place, le candidat, vous savez...

— J'y ai été, dit le père.

— Eh bien ?

— Eh bien ! il n'a jamais écrit ni à mon fils ni à moi.

— Mais la lettre !

— La lettre, je l'avais, et je la lui ai montrée ; il a parfaitement reconnu son écriture ; mais cette lettre, ce n'est pas lui qui l'a écrite.

Je laissai tomber ma tête sur ma poitrine.

Thomas Lambert continua :

— De là j'allai rue des Vieux-Augustins, à l'hôtel de Venise.

— Eh bien ! demandai-je, y avez-vous trouvé trace de son passage ?

— Il est resté six semaines dans l'hôtel, puis il a quitté

en payant sa dépense, et l'on ne sait pas ce qu'il est devenu.

— Oh ! mon Dieu ! mon Dieu ! m'écriai-je, que veut dire tout cela ?

— Cela veut dire, murmura Thomas Lambert, que de nous deux, ma pauvre enfant, le plus malheureux, c'est probablement moi.

— Ainsi, vous ignorez complétement ce qu'il est devenu ?

— Je l'ignore.

— Mais, dit le curé, peut-être qu'à la police vous auriez pu savoir...

— J'y ai bien pensé, murmura Thomas Lambert ; mais à la police j'ai eu peur d'en trop apprendre.

Nous frissonnâmes tous, et moi surtout.

— Et maintenant, que faire ? dit le curé.

— Attendre, répondit Thomas Lambert.

— Mais elle, dit le prêtre en me montrant du doigt, elle ne peut pas attendre, elle.

— C'est vrai, dit Thomas Lambert. Qu'elle vienne demeurer chez moi ; n'est-elle point ma fille ?

— Oui ; mais comme elle n'est point la femme de votre fils, dans trois mois elle sera déshonorée.

— Et mon père ! m'écriai-je ; mon père, que cette nouvelle fera mourir de chagrin !

— On ne meurt pas de chagrin, dit Thomas Lambert ; mais on souffre beaucoup, et il est inutile de faire souffrir le pauvre homme : sous un prétexte quelconque, Marie ira demeurer un mois chez ma sœur, qui habite Caen, et son père ne saura rien de ce qui sera arrivé pendant ce temps-là.

Tout s'accomplit comme il avait été convenu.

J'allai passer un mois chez la sœur de Thomas Lambert, et, pendant ce mois, je donnai le jour au malheureux enfant qui dort sur ce fauteuil.

Mon père ignora toujours ce qui m'était arrivé, et le secret me fut si bien gardé, que tout le monde dans le village l'ignora comme lui.

Cinq ou six mois s'écoulèrent sans que j'entendisse parler de rien ; mais enfin un matin le bruit se répandit que le maire arrivait de Paris, et que pendant ce voyage il avait rencontré Lambert.

On racontait, à l'appui de cette rencontre, des choses si singulières, que c'était à douter de la véracité de ce récit.

Je sortis pour aller m'informer chez Thomas Lambert de ce qu'il pouvait y avoir de vrai dans les bruits qui étaient parvenus jusqu'à moi ; mais j'eus à peine fait cinquante pas hors de la maison que je rencontrai monsieur le maire lui-même.

— Eh bien ! la belle, me dit-il, cela ne m'étonne plus que ton amoureux ait cessé de t'écrire : il paraît qu'il a fait fortune.

— Oh ! mon Dieu ! et comment cela ? demandai-je.

— Comment ? je n'en sais rien ; mais le fait est que, comme je revenais de Courbevoie, où j'avais dîné chez mon gendre, j'ai rencontré un beau monsieur à cheval, un élégant, un dandy, comme ils disent là-bas, suivi d'un domestique à cheval aussi. Devine qui cela était ?

— Comment voulez-vous que je devine ?

— Eh bien ! c'était maître Gabriel. Je le reconnus, et je sortis à moitié de mon cabriolet pour l'appeler ; mais sans doute il me reconnut aussi, lui, car avant que j'eusse eu le temps de prononcer son nom, il piqua des deux et partit au galop.

— Oh ! vous vous serez trompé, lui dis-je.

— Je le crus comme toi, répondit-il ; mais le hasard fit que j'allai le soir à l'Opéra, au parterre, bien entendu. Moi, je suis un paysan, et le parterre est assez bon pour moi ; mais lui, comme c'est un grand seigneur, à ce qu'il paraît, il était aux premières loges, et, dans une des plus belles encore, entre deux colonnes, causant, faisant le joli cœur avec des dames, et ayant à la boutonnière un camélia large comme la main.

— Impossible ! impossible ! murmurai-je.

— C'est pourtant comme cela; mais moi aussi j'en doutais, et je voulus en avoir le cœur net. Dans l'entr'acte, je sortis et j'allai me poster près de la loge; bientôt la porte s'ouvrit, et notre fashionable passa près de moi.

— Gabriel ! dis-je à mi-voix.

Il se retourna vivement et m'aperçut; alors il devint rouge comme écarlate, et s'élança dans l'escalier avec tant de rapidité , qu'il pensa renverser un monsieur et une dame qui se trouvèrent sur son chemin. Je le suivis, mais lorsque j'arrivai sous le péristyle, je le vis qui montait dans un coupé des plus élégans; un valet en livrée referma la portière sur lui, et le coupé partit au galop.

— Mais comment voulez-vous, demandai-je, qu'il ait une voiture et des domestiques en livrée? Vous vous serez mépris; assurément ce n'était pas Gabriel.

— Je te dis que l'ai vu comme je te vois, et que je suis sûr que c'est lui; je le connais bien, peut-être, puisque je l'ai eu trois ans pour secrétaire de ma mairie.

— Avez-vous dit cela à d'autres qu'à moi, monsieur le maire?

—Pardieu, je l'ai dit à qui a voulu l'entendre. Il ne m'a pas demandé le secret, puisqu'il ne m'a pas fait l'honneur de me reconnaître.

— Mais son père! dis-je à demi-voix.

— Eh bien ! mais son père ne peut qu'être enchanté; qu'est-ce que cela prouve? que son fils a fait fortune.

Je poussai un soupir, et je m'acheminai vers la maison de Thomas Lambert.

Je le trouvai assis devant une table, la tête enfoncée entre les deux mains ; il ne m'entendit pas ouvrir la porte, il ne m'entendit pas m'approcher de lui. Je lui posai la main sur l'épaule; il tressaillit et se retourna.

— Eh bien ! me dit-il, toi aussi tu sais tout.

— Monsieur le maire vient de me raconter qu'il avait rencontré Gabriel à cheval et à l'Opéra; mais peut-être s'est-il trompé.

— Comment veux-tu qu'il se trompe? ne le connaît-il pas aussi bien que nous? Oh ! non, tout cela, va, c'est la pure vérité.

— S'il a fait fortune, répondis-je timidement, il faut nous en féliciter; au moins il sera heureux, lui.

— Fait fortune! s'écria le père Thomas; et par quel moyen veux-tu qu'il ait fait fortune? est-ce qu'il y a des moyens honorables de faire fortune en un an et demi? est-ce qu'un homme qui a fait fortune honorablement ne reconnaît pas les gens de son pays, cache son existence à son père, oublie les promesses qu'il a faites à sa fiancée?

— Oh ! quant à moi, dis-je, vous comprenez bien que s'il est si riche que cela, je ne suis plus digne de lui.

— Marie, Marie, dit le père en secouant la tête, j'ai bien plutôt peur que ce soit lui qui ne soit plus digne de toi.

Et il alla au petit cadre qui renfermait le dessin à la plume qu'avait fait autrefois Gabriel, le brisa en morceaux, froissa le dessin entre ses mains, et le jeta au feu.

Je le laissai faire sans l'arrêter, car je pensais, moi, à ce fragment de billet de banque qu'avait, le matin de son départ, ramassé la petite bergère, fragment que j'avais conservé, et sur lequel étaient écrits ces mots :

« LA LOI PUNIT DE MORT
LE CONTREFACTEUR. »

— Que faire? lui dis-je.

— Le laisser se perdre s'il n'est pas déjà perdu.

— Ecoutez, repris-je, tâchez de m'obtenir de mon père la permission d'aller passer de nouveau quinze jours chez votre sœur.

— Eh bien?

— Eh bien ! c'est moi qui irai à Paris à mon tour.

Il secoua la tête, et murmura entre ses dents :

— Course inutile, crois-moi; course inutile.

— Peut-être.

— S'il me restait quelque espoir, moi, crois-tu que je n'irais pas? d'ailleurs nous ne savons pas son adresse;

comment le retrouver sans nous informer à la police, et, si nous nous informons à la police, qui sait ce qu'il arrivera?

— J'ai un moyen, moi, répondis-je.

— De le retrouver?

— Oui.

— Va donc alors ! c'est peut-être le bon Dieu qui t'inspire. As-tu besoin de quelque chose?

— J'ai besoin de la permission de mon père, voilà tout.

Le même jour, la permission fut demandée et obtenue; quoique avec plus de difficulté que la première fois. Depuis quelque temps mon père était souffrant, et moi-même je sentais que l'heure était mal choisie pour le quitter; mais quelque chose de plus fort que ma volonté me poussait.

XV.

LA BOUQUETIÈRE.

Trois jours après, je partis, mon père croyant que j'allais à Caen, et Thomas Lambert et le curé sachant seuls que j'allais à Paris.

Je passai par le village où était mon enfant, et je le pris avec moi. Pauvre folle que j'étais de ne pas songer que c'était déjà trop de moi !

Le surlendemain j'étais à Paris.

Je descendis rue des Vieux-Augustins, à l'hôtel de Venise : c'était le seul hôtel dont je connusse le nom. C'était celui où il était descendu, où je lui avais écrit.

Là, je demandai des informations sur lui; on se le rappelait parfaitement : il vivait toujours enfermé dans sa chambre, et travaillant sans cesse avec un graveur sur cuivre, on ne savait pas à quoi.

On se rappelait parfaitement que quelque temps après son départ de l'hôtel, un homme d'une cinquantaine d'années, et qui avait l'air d'un paysan, était venu faire les mêmes questions que moi.

Je m'informai où était l'Opéra. On m'indiqua le chemin que je devais suivre, et je me lançai pour la première fois dans les rues de Paris.

Voilà quel était le plan que j'avais arrêté dans mon esprit. Gabriel venait à l'Opéra; j'attendrais devant l'Opéra toutes les voitures qui s'arrêteraient. Si Gabriel descendait de l'une d'elles, je le reconnaîtrais bien ; je demanderais son adresse au valet, et le lendemain je lui écrirais pour lui dire que j'étais à Paris, et lui demander à le voir.

Dès le soir de mon arrivée, je mis ce plan à exécution. C'était il y a eu mardi huit jours. J'ignorais que l'Opéra ne jouait que les lundis, jeudis et samedis.

J'attendis donc vainement l'ouverture des portes. Je m'informai des causes de cette solitude et de cette obscurité. On me dit que la représentation était pour le lendemain seulement.

Je revins à mon hôtel, où je restai toute la journée du lendemain, seule avec mon pauvre enfant; je l'avais si peu vu que j'étais heureuse de cet isolement et de cette solitude. A Paris, inconnue comme je l'étais, j'osais au moins être mère.

Le soir vint, et je sortis de nouveau.

Je croyais que je pourrais attendre sous le péristyle, mais les sergens de ville ne me le permirent pas.

Je vis deux ou trois femmes qui circulaient librement : je demandai pourquoi on leur permettait à elles ce qui n'était pas permis à moi; on me répondit que c'était des bouquetières.

Au milieu de toute cette préoccupation, beaucoup de voitures arrivèrent, mais je ne pus voir ceux qui en descendaient, peut-être Gabriel était-il parmi eux.

C'était une soirée perdue, c'était encore deux jours à attendre; j'étais résignée; je rentrai à l'hôtel avec un nouveau projet.

C'était, le surlendemain, de prendre un bouquet de chaque main et de me faire passer pour une bouquetière.

J'achetai des fleurs, je fis les deux bouquets, et j'allai reprendre mon poste : cette fois on me laissa circuler librement.

Je m'approchais de toutes les voitures qui s'arrêtaient, et j'examinais avec attention les personnes qui en descendaient.

Il était neuf heures à peu près, et tout le monde semblait être arrivé, lorsqu'une dernière voiture en retard apparut à son tour et passa devant moi.

A travers l'ouverture de la portière je crus reconnaître Gabriel.

Je fus prise d'un si grand tremblement que je m'appuyai contre une borne pour ne pas tomber. Le laquais ouvrit la portière; un jeune homme, qui ressemblait à Gabriel, s'en élança; je fis un pas pour aller à lui, mais je sentis que j'allais tomber sur le pavé.

— A quelle heure? demanda le cocher.

— A onze heures et demie, dit-il en montant légèrement les escaliers.

Et il disparut sous le péristyle tandis que la voiture s'éloignait au galop.

C'était son visage, c'était sa voix : mais comment ce jeune homme élégant et aux manières aisées pouvait-il être le pauvre Gabriel? La métamorphose me semblait tout à fait impossible.

Et cependant, à l'émotion que j'avais éprouvée, je comprenais qu'il était impossible que ce fût un autre que lui.

J'attendis.

Onze heures et demie sonnèrent. On commença de sortir de l'Opéra, puis les voitures s'avancèrent à la suite les unes des autres.

Un groupe, qui se composait d'un homme de cinquante ans à peu près, d'un jeune homme et de deux femmes, s'approcha d'une des voitures : le jeune homme était Gabriel, il donnait le bras à la plus âgée des deux femmes : la plus jeune me parut charmante.

Cependant, il ne monta pas avec elle dans la voiture. Il les accompagna seulement jusqu'au marche-pied; puis, après les avoir saluées, il fit quelques pas en arrière, et attendit sur les marches que sa voiture le vînt prendre à son tour.

J'eus donc tout le temps de l'examiner, et je ne conservai aucun doute : c'était bien lui; il donnait de bruyans signes d'impatience, et quand le cocher s'approcha, il le gronda pour l'avoir fait attendre ainsi cinq minutes.

Était-ce bien là l'humble et timide Gabriel? l'enfant que je protégeais contre les autres enfans?

— Où va monsieur, demanda le laquais en fermant la portière?

— Chez moi, dit Gabriel.

La voiture partit aussitôt, gagna le boulevard et tourna à droite.

Je rentrai à l'hôtel, ne sachant point si je dormais ou si je veillais, et croyant quelquefois que tout ce que j'avais vu était un rêve.

Le surlendemain même chose arriva : seulement, cette fois, au lieu d'attendre le départ du coupé à la sortie de l'Opéra, je l'attendis au coin de la rue Lepelletier; le coupé passa à minuit moins quelques minutes; il suivit quelque temps le boulevard, et entra dans la seconde rue à ma droite; j'allai jusqu'à cette rue pour savoir comment elle se nommait : c'était la rue Taitbout.

Le surlendemain j'attendis au coin de la rue Taitbout. De cette façon, je pensais que j'arriverais à voir où s'arrêterait la voiture.

En effet, la voiture entra au numéro onze, preuve de plus qu'il habitait là.

J'arrivai devant la porte au moment où le concierge en refermait les deux battans.

— Que voulez-vous? me dit-il.

— N'est-ce point ici, demandai-je d'une voix à laquelle j'essayais inutilement de donner un accent de fermeté,

n'est-ce point ici que demeure monsieur Gabriel Lambert?

— Gabriel Lambert? reprit le concierge, je ne connais pas ce nom-là; il n'y a personne de ce nom dans la maison.

— Mais ce monsieur qui rentre, comment l'appelez-vous donc?

— Lequel?

— Celui dont voici la voiture.

— Il l'appelle le baron Henry de Faverne, et non pas Gabriel Lambert; si c'est cela que vous voulez savoir, ma belle enfant, vous voilà au courant de la chose.

Et il referma la porte sur moi.

Je revins à l'hôtel, incertaine sur ce que je devais faire. C'était bien Gabriel, il n'y avait pour moi aucun doute, mais c'était Gabriel enrichi, cachant son véritable nom, et auquel, par conséquent, ma visite devait être deux fois désagréable.

Je lui écrivis. Seulement, sur l'adresse, je mis « A monsieur de Faverne, pour faire passer à monsieur Gabriel Lambert. »

Je lui demandais une entrevue et je signai : MARIE GRANGER.

Puis, le lendemain, j'envoyai la lettre par un commissionnaire en lui ordonnant d'attendre la réponse.

Le commissionnaire revint bientôt en me disant que le baron n'était pas chez lui.

Le lendemain, j'y allai moi-même; sans doute j'étais consignée à la porte, car les valets me dirent que monsieur le baron n'était pas visible.

Le surlendemain, j'y retournai. Les valets me dirent que monsieur le baron avait répondu qu'il ne me connaissait pas et défendait de me recevoir davantage.

Alors je pris mon enfant dans mes bras et vins m'asseoir sur la borne en face de la porte.

J'étais décidée à rester jusqu'à ce qu'il sortît.

J'y restai toute la journée, puis la nuit vint.

A deux heures du matin une patrouille passa et me demanda qui j'étais et ce que je faisais là.

Je répondis que j'attendais.

Le chef de la patrouille m'ordonna alors de le suivre.

Je le suivis sans savoir où il me conduisait.

C'est alors que vous êtes venu et que vous m'avez réclamée.

Et maintenant, monsieur, vous savez tout ; vous veniez de sa part, je n'ai d'autre appui à Paris que vous. Vous paraissez bon; que faut-il que je fasse? dites, conseillez-moi.

— Je n'ai rien à vous dire ce soir, répondis-je, mais je le verrai demain matin.

— Et avez-vous quelque espoir pour moi, monsieur?

— Oui, répondis-je, j'ai l'espoir qu'il ne voudra pas vous revoir.

— Oh! mon Dieu! que voulez-vous dire?

— Je veux dire, ma chère enfant, que mieux vaut être, croyez-moi, la pauvre Marie Granger que la baronne Henry de Faverne.

— Hélas! vous croyez donc comme moi que c'est...

— Je crois que c'est un misérable, et je suis à peu près sûr de ne pas me tromper.

— Ah! ma fille, ma fille, dit la pauvre mère en allant se jeter à genoux devant le fauteuil de son enfant et en le couvrant de ses deux bras, comme si elle eût pu le protéger contre l'avenir qui l'attendait.

Il était trop tard pour qu'elle retournât à son hôtel de la rue des Vieux-Augustins.

J'appelai ma femme de charge, et je la remis, elle et son enfant, entre ses mains.

Puis, j'envoyai un de mes domestiques annoncer à la maîtresse de l'hôtel de Venise que mademoiselle Marie Granger, s'étant trouvée indisposée chez le docteur Fabien, où elle dînait, ne pouvait pas rentrer avant le lendemain.

XVI.

CATASTROPHE.

Le lendemain, ou plutôt le même jour, mon valet de chambre entra chez moi à sept heures du matin.

—Monsieur, me dit-il, un domestique de monsieur le baron Henry de Faverne est là et attend déjà depuis une demi-heure; mais comme monsieur s'est couché à trois heures, je n'ai pas voulu le réveiller.

« J'eusse même tardé encore, s'il n'en était arrivé un second plus pressant que le premier.

— Eh bien! que demandent ces deux domestiques?

— Ils viennent dire que leur maître attend monsieur. Il paraît que le baron est très souffrant et ne s'est pas couché de la nuit.

— Répondez que j'y vais à l'instant même.

En effet, je m'habillai en toute hâte, et je courus chez le baron.

Comme me l'avaient dit ses domestiques, il ne s'était pas couché, mais seulement il s'était jeté tout habillé sur son lit.

Je le trouvai donc avec son pantalon et ses bottes, enveloppé d'une grande robe de chambre en damas. Son habit et son gilet étaient suspendus sur une chaise, et tout annonçait dans l'appartement le désordre d'une nuit d'agitation et d'insomnie.

— Ah! docteur, c'est vous, me dit-il; qu'on ne laisse entrer personne.

Et, d'un signe de la main, il congédia le valet qui m'avait introduit.

— Pardon, lui dis-je, de ne pas être venu plus tôt. Mon domestique n'a pas voulu m'éveiller, je m'étais couché à trois heures du matin.

— C'est moi qui vous prie d'agréer mes excuses; je vous ennuie, docteur, je vous fatigue, et avec vous la chose est d'autant plus terrible qu'on ne sait comment vous dédommager de vos peines; mais vous voyez que je souffre réellement, n'est-ce pas? et vous avez pitié de moi.

Je le regardai.

Il était en effet difficile de voir une figure plus bouleversée que la sienne : il me fit pitié.

—Oui, vous souffrez, lui dis-je, et je comprends que pour vous la vie soit un supplice.

— C'est-à-dire, voyez, docteur, c'est-à-dire qu'il n'y a pas une de ces armes, poignard ou pistolet, que je n'aie appuyé deux ou trois fois sur mon cœur ou sur mon front! Mais, que voulez-vous?

Il baissa la voix en ricanant.

— Je suis un lâche; j'ai peur de mourir.

« Croyez-vous cela? vous, docteur, vous qui m'avez vu me battre; croyez-vous que j'aie peur de mourir?

— Au premier abord, j'ai jugé que vous n'aviez pas le courage moral, monsieur.

— Comment, docteur, vous osez me dire à moi, en face...

— Je vous dis que vous n'avez que le courage sanguin, c'est-à-dire celui qui monte à la tête avec le sang. Je vous dis que vous n'avez aucune résolution; et, la preuve, c'est qu'ayant eu dix fois l'envie de vous tuer, comme vous le dites, c'est qu'ayant sous la main des armes de toute espèce, vous m'avez demandé du poison.

Il poussa un soupir, tomba dans un fauteuil et garda le silence.

— Mais, lui dis-je au bout d'un instant, ce n'est pas pour soutenir une thèse sur le courage physique ou moral, sanguin ou bilieux, que vous m'avez fait venir, n'est-ce pas? c'est pour me parler d'*elle*?

— Oui, oui, vous avez raison, c'est pour vous parler d'elle. Vous l'avez vue, n'est-ce pas?

— Oui.

— Eh bien! qu'en dites-vous?

— Je dis que c'est un noble cœur, je dis que c'est une sainte jeune fille.

— Oui, mais en attendant elle me perdra; car elle n'a voulu entendre à rien, n'est-ce pas? elle refuse toute indemnité, elle veut que je l'épouse, ou elle ira crier sur les toits qui je suis, et peut-être ce que je suis.

— Je ne dois pas vous cacher qu'elle était venue à Paris dans cette intention.

— Et en aurait-elle changé depuis? docteur, seriez-vous parvenu à l'en faire changer?

— Je lui ai dit du moins, ce que je pense, qu'il valait mieux être Marie Granger que madame de Faverne.

— Qu'entendez-vous par là, docteur? voudriez-vous dire?...

— Je veux dire, monsieur Lambert, repris-je froidement, qu'entre le malheur passé de Marie Granger et le malheur à venir de mademoiselle de Macartie, je préférerais le malheur de la pauvre fille qui n'aura pas de nom à donner à son enfant.

— Hélas! oui, oui, docteur, vous avez raison, c'est un nom fatal que le mien. Mais, dites-moi, mon père vit-il toujours?

— Oui.

— Ah! Dieu soit loué! je n'ai pas eu de ses nouvelles depuis plus de quinze mois.

— Il est venu à Paris pour vous y chercher, quand il a su que vous n'étiez pas parti pour la Guadeloupe.

— Grand Dieu!... et qu'a-t-il appris à Paris?

— Il a appris que vous n'aviez jamais été chez le banquier, et que la lettre qu'il avait reçue de votre prétendu protecteur n'avait jamais été écrite par lui.

Le malheureux poussa un soupir qui ressemblait à un gémissement; puis il porta les mains à ses yeux.

—Il sait cela, sait cela, murmura-t-il après un instant de silence. Mais enfin, qu'y a-t-il à dire? cette lettre était supposée, c'est vrai, cela ne faisait de tort à personne. Je voulais venir à Paris; je serais devenu fou si je n'y étais pas venu. J'ai employé ce moyen, c'était le seul; n'en eussiez-vous pas fait autant à ma place, docteur?

— Est-ce sérieusement que vous me demandez cela, monsieur? lui demandai-je en le regardant fixement.

— Docteur, vous êtes l'homme le plus inflexible que je connaisse, reprit le baron se levant et en se promenant à grands pas. Vous ne m'avez jamais dit que des duretés; et cependant, comment cela se fait-il? vous êtes le seul homme en qui j'aie une confiance sans bornes. Si un autre soupçonnait la moitié des choses que vous savez!...

Il s'approcha d'un pistolet pendu à la muraille, et porta la main sur la crosse avec une expression de férocité qui appartenait plutôt à une bête sauvage.

— Je le tuerais!

En ce moment un valet entra.

— Que voulez-vous? demanda brusquement le baron.

— Pardon, si j'interromps monsieur malgré son ordre, mais monsieur a remonté ses écuries il y a trois mois, et c'est un commis de la Banque qui vient pour toucher un des billets que monsieur a faits.

— Et de combien est le billet? demanda le baron.

— De quatre mille francs.

— C'est bien, dit le baron allant à son secrétaire, et, retirant du portefeuille qu'il m'avait donné autrefois à garder quatre billets de banque de mille francs chacun; tenez, les voilà, et rapportez-moi le billet.

C'était une action toute simple que de prendre dans un portefeuille des billets de banque et de les remettre à un domestique.

Cependant le baron accomplit cette action avec une hésitation visible, et son visage ordinairement pâle devint livide lorsqu'il suivit d'un regard inquiet le domestique qui sortait avec les billets.

Il y eut entre nous deux un moment de silence sombre, pendant lequel le baron remua deux ou trois fois les lè-

vres pour parler; mais à chaque fois les paroles expirè-
rent sur les lèvres.

Le domestique ouvrit la porte de nouveau.

— Eh bien! qu'y a-t-il encore?-demanda le baron avec une
vive impatience.

— Le porteur désirerait dire un mot à monsieur.

— Cet homme n'a rien à me dire! s'écria le baron; il a
son argent, qu'il s'en aille.

Le porteur apparut alors derrière le domestique, et se
glissa entre lui et la porte.

— Pardon, dit-il, pardon; vous vous trompez, monsieur,
j'ai quelque chose à vous dire.

Puis d'un bond s'élançant au collet du baron,

— J'ai à vous dire que vous êtes un faussaire! s'écria-t-il,
et qu'au nom de la loi je vous arrête.

Le baron jeta un cri de terreur et devint couleur de cendre.

— A moi, murmura-t-il; à moi, docteur; Joseph, appelle
mes gens,; à moi, à moi!

— A moi! cria aussi d'une voix forte le prétendu porteur de la Banque; à moi, les autres!

Aussitôt la porte d'un escalier secret s'ouvrit, et deux
hommes se précipitèrent dans la chambre du baron.

C'étaient deux agens de la police de sûreté.

— Mais qui êtes-vous? s'écria le baron en se débattant;
qui êtes-vous, et que me voulez-vous?

— Monsieur le baron, je suis V..., dit le faux employé
de la Banque, et vous êtes pincé; ne faites donc pas de
bruit, pas de scandale, et suivez-nous gentiment.

Le nom que venait de prononcer cet homme était si
connu que je tressaillis malgré moi.

— Vous suivre, continua le baron, tout en se débattant;
vous suivre, et où cela vous suivre?

— Pardieu! où l'on conduit les gens comme vous; vous
n'êtes pas à vous en informer, j'en suis sûr, et vous devez le savoir... au dépôt de la police, pardieu!

— Jamais! s'écria le prisonnier, jamais. Et, par un
violent effort, se débarrassant des deux hommes qui le
tenaient, il s'élança vers son lit, et saisit un poignard
turc.

Au même instant, le faux porteur de la Banque tira,
d'un mouvement rapide comme la pensée, deux pistolets
de poche qu'il dirigea contre le baron.

Mais il s'était mépris aux intentions de celui-ci : ce fut
contre lui-même qu'il tourna l'arme.

Les deux agens voulurent se précipiter sur lui pour le
lui arracher.

— Inutile! dit V..., inutile! Soyez tranquilles, il ne se
tuera pas; je connais messieurs les faussaires de longue
date : ce sont des gaillards qui ont le plus grand respect
pour leur personne. Allez, mon ami, allez, continua-t-il
en se croisant les bras et en laissant le malheureux libre
de se poignarder; ne vous gênez pas pour nous; faites,
faites.

Le baron sembla vouloir donner un démenti à celui qui
venait de lui porter cet étrange défi; il rapprocha vivement sa main de sa poitrine, se frappa de plusieurs coups,
et tomba en poussant un cri. Sa chemise se couvrit de
sang.

— Vous le voyez bien, lui dis-je en m'élançant vers le
baron, le malheureux s'est tué.

Il se mit à rire.

— Tué, lui! ah! pas si bête! Ouvrez la chemise, docteur.

— Docteur! repris-je étonné.

— Pardieu! reprit V..., je vous connais : vous êtes le
docteur Fabien. Ouvrez sa chemise, et si vous trouvez
une seule blessure qui ait plus de quatre ou cinq lignes
de profondeur, je demande à être guillotiné à sa place.

Cependant je doutais, car le malheureux était véritablement évanoui et sans mouvement.

J'ouvris sa chemise et je visitai ses blessures.

Il y en avait six; mais, comme l'avait prédit V..., c'é-
taient de véritables piqûres d'épingle.

Je m'éloignai avec dégoût.

— Eh bien! me dit V..., suis-je bon physiologiste,
monsieur le docteur? Allons, allons, continua-t-il, mettez-
moi les poucettes à ce gaillard-là, ou sans cela il frétillera
tout le long de la route.

— Non, non, messieurs, s'écria le baron tiré de son
évanouissement par cette menace; pourvu qu'on me laisse
aller en voiture, je ne dirai pas un mot, je ne ferai pas
une tentative d'évasion, je vous en donne ma parole
d'honneur.

— Entendez-vous, mes enfans, il donne sa parole
d'honneur; c'est rassurant, hein? Que dites-vous de la
parole d'honneur de monsieur?

Les deux agens se mirent à rire, et s'avancèrent vers le
baron avec les poucettes.

J'éprouvais une impression de malaise que je ne puis
rendre. Je voulus me retirer.

— Non! non! s'écria le baron en se cramponnant à mon
bras; non, ne vous en allez pas. Si vous vous en allez, ils
n'auront plus aucune pitié de moi; ils me traîneront dans
les rues comme un criminel.

— Mais à quoi puis-je vous être bon, moi, monsieur?
demandai-je. Je n'ai aucune influence sur ces messieurs.

— Si, si, vous en avez, docteur; détrompez-vous, dit-il
à-demi-voix, un honnête homme a toujours de l'influence
sur ces gens-là. Demandez-leur de m'accompagner jusqu'à la police, vous verrez qu'ils me laisseront aller en
voiture et qu'ils ne me garrotteront pas.

Un sentiment de profonde pitié me serrait le cœur, et
l'emportait sur le mépris.

— Monsieur V..., dis-je au chef des agens, ce malheureux me prie d'intercéder en sa faveur; il est connu dans
tout le quartier, il a été reçu dans le monde... Eh bien!
je vous en supplie, épargnez-lui les humiliations inutiles.

— Monsieur Fabien, me répondit V... avec une poli-
tesse exquise, je n'ai rien à refuser à un homme comme
vous.

» J'ai entendu que cet homme vous priait de l'accompagner jusqu'à la police. Eh bien! si vous y consentez, je
monterai avec vous dans la voiture, voilà tout, et les
choses se passeront en douceur.

— Docteur, je vous en supplie, dit le baron.

— Eh bien! dis-je, soit, j'accomplirai ma mission jusqu'au bout. Monsieur V..., ayez la bonté d'envoyer chercher un fiacre.

— Et faites-le approcher de la porte qui donne dans la
rue du Helder! s'écria le baron.

— Fil-de-soie, dit V... avec un ton d'ironie impossible à
rendre, exécutez les ordres de monsieur le baron.

L'individu désigné sous le nom de Fil-de-soie sortit pour
exécuter la mission dont il était chargé.

— Pendant ce temps, dit V..., avec la permission de
monsieur le baron, je ferai une petite perquisition dans
le secrétaire.

Gabriel fit un mouvement vers le secrétaire.

— Oh! ne vous dérangez pas, monsieur le baron, dit
V... en étendant le bras. Quand nous en trouverions quelques-uns là-dedans, il n'en serait ni plus ni moins :
nous en avons déjà une centaine au moins qui sortent de
votre fabrique.

Le prisonnier tomba assis sur une chaise, et celui qui
l'avait arrêté procéda à la perquisition.

— Ah! ah! dit-il, je connais ces secrétaires-là, c'est de
la façon de Barthélemy. Voyons d'abord les tiroirs, nous
verrons les secrets ensuite.

Et il fouilla dans tous les tiroirs, où, excepté le portefeuille dont nous avons déjà parlé, il n'y avait rien que
des lettres.

— Maintenant, dit-il, voyons les secrets.

Gabriel le suivait des yeux en pâlissant et en rougis-
sant tour à tour.

Ce fut alors que j'admirai la dextérité de cet homme. Il
y avait dans le secrétaire quatre secrets différens; non-
seulement aucun ne lui échappa, mais encore, à l'instant

même, sans tâtonner, à la simple inspection, il en découvrit le mécanisme.

— Voilà le pot aux roses, dit-il en réunissant une centaine de billets de cinq cents francs et de mille francs. Peste! monsieur le baron, vous n'y alliez pas de mainmorte : quatre gaillards comme vous seulement, et au bout de l'année la Banque sauterait.

Le prisonnier ne répondit que par un gémissement profond, et en cachant sa tête entre ses deux mains.

En ce moment Fil-de-soie, l'agent, rentra.

— Messieurs, le fiacre est à la porte, dit-il.

— En ce cas, dit V..., partons.

— Mais, interrompis-je, vous voyez que monsieur est en robe de chambre; vous ne pouvez l'emmener ainsi.

— Oui, oui, s'écria Gabriel, il faut que je m'habille.

— Habillez-vous donc, et faites vite. J'espère que nous sommes gentils, hein ?... Il est vrai que ce n'est pas pour vous ce que nous en faisons, c'est pour monsieur le docteur.

Et il se retourna de mon côté et me salua.

Mais au lieu de profiter de la permission qui lui était donnée, Gabriel restait immobile sur sa chaise.

— Eh bien! eh bien! remuons-nous donc un peu, voyons, et p'us vite ça! Nous avons à neuf heures un autre monsieur à pincer, et il ne faut pas que l'un nous fasse manquer l'autre.

Gabriel ouvrit l'armoire où étaient pendus ses habits; mais il en détacha cinq ou six avant de s'arrêter à l'un d'eux.

— Avec la permission de monsieur le baron, dit V..., nous lui servirons de valets de chambre.

Et il fit un signe aux agens, qui tirèrent d'une commode un gilet et une cravate, tandis que lui choisissait dans l'armoire une redingote.

Alors commença la plus étrange toilette que j'eusse vue de ma vie. Debout et vacillant sur ses jambes, le prisonnier se laissait faire, fixant sur chacun de nous un œil étonné.

On lui noua sa cravate au cou, on lui passa son gilet, on lui mit son habit comme on eût fait à un automate, puis on lui posa son chapeau sur la tête, et on lui glissa dans la main une badine à pomme d'or.

On eût dit que si on ne le soutenait pas, il allait tomber. Les deux agens le prirent chacun sous une épaule, et c'est alors seulement qu'il sembla se réveiller.

— Non, non, s'écria-t-il en se cramponnant à mon bras; ainsi, ainsi! vous me l'avez promis, docteur.

— Oui, repris-je ; mais venez.

— Monsieur le baron, dit V..., je vous préviens que si vous faites un mouvement pour fuir, je vous brûle la cervelle.

Je sentis tout son corps frissonner à cette menace.

— Ne vous ai-je pas donné ma parole d'honneur de ne point chercher à m'échapper, dit-il, essayant de couvrir sa lâcheté sous un sentiment d'honorable apparence.

— Ah! c'est vrai, dit V..., en armant ses pistolets, je l'avais oublié. Marchons.

Nous descendîmes l'escalier, le malheureux appuyé à mon bras et suivi par le chef et ses deux alguazils.

Arrivés dans la cour, un des deux agens courut au fiacre et en ouvrit la portière.

Avant d'y monter, Gabriel jeta un regard effaré à droite et à gauche, comme pour voir s'il n'y avait pas moyen de fuir.

Mais en ce moment il sentit qu'on lui appuyait quelque chose entre les deux épaules; il se retourna : c'était le canon du pistolet.

D'un seul bond il se précipita dans le fiacre.

V... me fit signe de la main de monter et de prendre le fond. Ce n'était pas l'occasion de faire des cérémonies. Je me plaçai au poste qui m'était désigné.

Il dit alors en argot à ses deux agens quelques paroles que je ne pus comprendre; et, montant à son tour, il s'assit sur le devant.

Le cocher ferma la portière.

— A la préfecture de police, n'est-ce pas, mon maître, dit-il.

— Oui, répondit V...; mais comment savez-vous où nous allons, mon ami ?

— Chut ! je vous ai reconnu, dit le cocher ; c'est déjà la troisième fois que je vous mène, et toujours en compagnie.

— Eh bien ! dit V..., fiez-vous donc à l'incognito !

Le fiacre se mit à rouler du côté du boulevard ; puis il prit la rue de Richelieu, gagna le pont Neuf, suivit le quai des Orfévres, tourna à droite, passa sous une voûte, enfila une espèce de ruelle, et s'arrêta devant une porte.

Alors, seulement, le prisonnier parut sortir de sa torpeur; pendant toute la route il n'avait pas dit un seul mot.

— Comment ! s'écria-t-il, déjà ! déjà ! déjà !

— Oui, monsieur le baron, dit V..., voilà votre logement provisoire ; il est moins élégant que celui de la rue Taitbout ; mais, dame ! dans votre profession, il y a des hauts et des bas, faut être philosophe.

Ce disant, il ouvrit la portière et sauta hors du fiacre.

— Avez-vous quelque recommandation à me faire avant que je ne vous quitte, monsieur ? demandai-je au prisonnier.

— Oui, oui ; qu'elle ne sache rien de ce qui est arrivé.

— Qui, elle ?

— Marie.

— Ah ! c'est vrai, répondis-je ; pauvre femme ! je l'avais oubliée. Soyez tranquille, je ferai ce que je pourrai pour lui cacher la vérité.

— Merci, merci, docteur. Ah ! je le savais bien que vous étiez mon seul ami.

— Eh bien ! j'attends, dit le chef de la brigade.

Gabriel poussa un soupir, secoua tristement la tête, et s'apprêta à descendre.

Comme pour l'aider, V... le prit par le bras ; tous deux s'approchèrent de la porte fatale, qui s'ouvrit d'elle-même et comme si elle reconnaissait son grand pourvoyeur.

Le prisonnier me jeta un dernier regard de détresse, et la porte se referma sur eux avec un bruit sourd et retentissant.

Le même jour, Marie quitta Paris et retourna à Trouville. Comme je l'avais promis à Gabriel, je ne lui avais rien dit ; mais elle se doutait de tout.

XVII.

BICÊTRE.

Six mois s'étaient écoulés depuis les événemens que je viens de raconter, et plus d'une fois, malgré les efforts que j'avais faits pour les oublier, ils s'étaient représentés à ma mémoire, lorsque, vers les six heures du soir, comme j'allais me mettre à table, je reçus cette lettre.

« Monsieur,

« Au moment de paraître devant le trône de Dieu, où va le conduire une condamnation capitale, le malheureux Gabriel Lambert, qui a conservé un profond souvenir de vos bontés, voudrait réclamer de vous un dernier service; il espère que vous voudrez bien obtenir du préfet la permission de le voir, et descendre une dernière fois dans son cachot. Il n'y a pas de temps à perdre : l'exécution a lieu demain, à sept heures du matin.

« J'ai l'honneur d'être, etc., etc.

« L'abbé...,
« Aumônier des prisons. »

J'avais deux ou trois personnes à dîner.

Je leur montrai la lettre ; je leur expliquai en quelques mots ce dont il était question, je constituai l'un d'eux mon représentant, je le chargeai de faire en mon absence les honneurs aux autres.

Je montai en cabriolet et je partis tout de suite.

Comme je l'avais prévu, je n'eus aucune peine à obtenir mon laissez-passer, et j'arrivai à Bicêtre vers les sept heures du soir.

C'était la première fois que je franchissais le seuil de cette prison, qui, depuis qu'on n'exécutait plus sur la place de Grève, était devenue la dernière habitation des condamnés à mort.

Aussi ce ne fut pas sans un profond serrement de cœur, et sans une espèce de crainte personnelle dont le plus honnête homme n'est point exempt, que j'entendis les portes massives se refermer sur moi.

Il semble que là où toute parole est une plainte, tout bruit un gémissement, on respire un autre air que l'air destiné aux hommes ; et certes, lorsque je montrai au directeur de la prison la permission que j'avais de visiter son commensal, je devais être aussi pâle et aussi tremblant que les hôtes qu'il est habitué à recevoir.

A peine eut-il lu mon nom, qu'il s'interrompit pour me saluer une seconde fois.

Puis, appelant un guichetier.

—François, dit-il, conduisez monsieur au cachot de Gabriel Lambert ; les règles ordinaires de la prison ne sont point faites pour lui, et s'il désire rester seul avec le condamné, vous lui accorderez cette liberté.

—Dans quel état trouverai-je ce malheureux ? demandai-je ?

—Comme un veau qu'on mène à l'abattoir, à ce qu'on m'a dit, du moins, vous verrez ; il est si abattu qu'on a jugé inutile de lui mettre la camisole de force.

Je poussai un soupir. V... ne s'était pas trompé dans ses prévisions, et en face de la mort le courage ne lui était pas revenu.

Je fis de la tête un signe de remercîment au directeur, qui se remit à la partie de piquet que mon arrivée avait interrompue, et je suivis le guichetier.

Nous traversâmes une petite cour ; nous entrâmes sous un corridor sombre ; nous descendîmes quelques marches.

Nous trouvâmes un second corridor dans lequel veillaient des geôliers qui, de minute en minute, allaient attacher leur visage à des ouvertures grillées.

Ces cellules étaient celles des condamnés à mort, dont on surveille ainsi les derniers momens, de peur que le suicide ne les enlève à l'échafaud.

Le guichetier ouvrit une de ces portes ; et comme, par un dernier sentiment d'effroi, je demeurais immobile :

—Entrez, dit-il, c'est ici. Eh ! eh ! jeune homme, ajouta-t-il, égayez-vous donc un peu, voilà la personne que vous avez demandée.

—Qui ? le docteur ? demanda une voix.

—Oui, monsieur, répondis-je en entrant, je me rends à votre invitation, me voici.

Alors je pus embrasser d'un coup d'œil la misérable et sombre nudité de ce cachot.

Au fond était une espèce de grabat, au-dessus duquel de gros barreaux indiquaient qu'il devait exister un soupirail.

Les murs, noircis par le temps et par la fumée, étaient rayés de tous côtés par les noms que les hôtes successifs de cette terrible demeure avaient inscrits à l'aide de leurs fers peut-être. L'un d'eux, d'une imagination plus capricieuse que les autres, y avait tracé l'image d'une guillotine.

Près d'une table éclairée par une mauvaise lampe fumeuse, deux hommes étaient assis.

L'un d'eux était un homme de quarante-huit à cinquante ans, auquel ses cheveux blancs donnaient l'apparence d'un vieillard de soixante-dix ans.

L'autre était le condamné.

A mon aspect, celui-ci se leva, mais l'autre resta immobile comme s'il ne voyait ou n'entendait plus.

—Ah ! docteur, dit le condamné en s'appuyant de la main sur la table, afin de se tenir debout, ah ! docteur, vous avez donc consenti à me venir voir.

« Je connaissais bien votre excellent cœur, et cependant je doutais, je l'avoue.

« Mon père, mon père, dit le condamné en frappant sur l'épaule du vieillard, c'est le docteur Fabien dont je vous ai tant parlé.... Excusez-le, continua le jeune homme, en revenant à moi et en me montrant Thomas Lambert, mais ma condamnation lui a porté un tel coup que je crois qu'il devient fou.

—Vous avez désiré me parler, monsieur, lui répondis-je, et je me suis empressé de me rendre à votre invitation. Dans mon état la condescendance pour de pareilles prières n'est pas une affaire de bonté, mais de devoir.

—Eh bien ! docteur.... vous savez, dit le condamné, c'est.... pour demain.

Et il retomba assis sur son escabeau, épongea son front mouillé de sueur avec un mouchoir tout humide, porta à ses lèvres un verre d'eau, dont il but quelques gouttes, mais sa main était tellement tremblante que j'entendis le verre claquer contre ses dents.

Pendant le moment de silence qui se fit alors, je l'examinai avec attention.

Jamais la plus douloureuse maladie n'avait produit, je crois, sur un homme un plus terrible changement.

Faux et ridicule sous son costume de dandy, Gabriel, sous la livrée de l'échafaud, était redevenu une créature digne de pitié. Son corps, toujours trop grêle pour sa longue taille, était encore amaigri. L'orbe de ses yeux caves semblait nager dans le sang. Sa figure tirée était livide, et la sueur avait collé à son front des mèches de cheveux devenues solides.

Il portait le même habit, le même gilet et le même pantalon que le jour où on l'avait arrêté ; seulement, tout cela était sale et déchiré.

—Mon père, dit-il, en secouant le vieillard toujours immobile et muet, mon père, c'est le docteur.

—Hein ? murmura le vieillard.

—Je vous dis que c'est le docteur, continua-t-il en haussant la voix, et je voudrais lui parler.

—Oui, oui, murmura le vieillard. Eh bien ! parle.

—Mais lui parler seul. Vous ne comprenez pas que je désire lui parler à lui seul. Eh ! mon Dieu, s'écria-t-il avec impatience, nous n'avons cependant pas de temps à perdre !... Levez-vous, mon père, levez-vous, et laissez-nous.

Alors il passa sa main sous l'épaule du vieillard et essaya de le soulever.

—Qu'y a-t-il, qu'y a-t-il? dit le vieillard, est-ce qu'ils viennent déjà te chercher ? Il n'est pas encore temps ; ce n'est que pour demain six heures ?

Le condamné retomba sur son escabeau, en poussant un profond gémissement.

—Tenez, docteur, dit-il, faites-lui entendre raison, dites-lui que je désire rester seul avec vous ; quant à moi, j'y renonce, mes forces sont brisées.

Et il se laissa aller en sanglotant, les bras tendus et la face contre la table.

Je fis signe au guichetier de m'aider. Il s'approcha avec moi du vieillard.

—Monsieur, lui dis-je, je suis une ancienne connaissance de votre fils. Il a un secret à me confier, seriez-vous assez bon pour nous laisser seuls ?

En même temps nous le soulevâmes, chacun par un bras, pour le conduire dans le corridor.

—Ce n'est pas là ce qu'on m'a promis, s'écria-t-il. On m'a promis que je resterai avec lui jusqu'au dernier moment. J'en ai obtenu la permission ; pourquoi veut-on m'emmener ? Oh ! mon fils, mon enfant, mon Gabriel !

Et le vieillard, rappelé à lui par l'excès même de sa douleur, se jeta sur le jeune homme étendu sur la table.

—Il ne s'en ira pas, murmura le condamné, et cependant il doit comprendre que chaque minute est plus précieuse pour moi qu'une année dans la vie d'un autre.

— On ne veut pas vous arracher à votre fils, monsieur, lui dis-je, entendez bien cela ; c'est votre fils, au contraire, qui désire rester un instant seul avec moi.

— Est-ce bien vrai, Gabriel ? demanda le vieillard.

— Eh ! mon Dieu ! oui, puisque je vous le répète depuis une heure.

— Alors, c'est bien, je m'en vais ; mais je veux rester tout près de son cachot.

— Vous resterez là dans le corridor, dit le geôlier.

— Et je pourrai rentrer ?

— Aussitôt que votre fils vous redemandera.

— Vous ne voudriez pas me tromper, docteur ; ce serait affreux de tromper un père.

— Je vous donne ma parole d'honneur que, dans un instant, vous pourrez rentrer.

— Alors je vous laisse, dit le vieillard ; et, mettant à son tour ses mains sur ses deux yeux, il sortit en sanglotant.

Le geôlier sortit en même temps que lui et referma la porte.

J'allai m'asseoir à la place que le vieillard avait quittée.

— Eh bien ! monsieur Lambert, lui dis-je, nous voilà seuls, que puis-je faire pour vous ? parlez.

Il souleva lentement la tête, se raidit sur ses deux mains, jeta tout autour de lui des yeux égarés ; puis, ramenant sur moi un regard qui, peu à peu, prit une fixité effrayante.

— Vous pouvez me sauver, dit-il.

— Moi, m'écriai-je en tressaillant, et comment cela ?

Il saisit ma main.

— Silence, me dit-il, et écoutez-moi.

— J'écoute.

— Vous rappelez-vous un jour que nous étions assis rue Taitbout, comme nous le sommes, et que je vous montrai, écrits sur un billet de banque, ces mots : LA LOI PUNIT DE MORT LE CONTREFACTEUR ?

— Oui.

— Vous rappelez-vous que je me plaignis alors de la dureté de cette loi, et que vous me dites que le roi avait intention de proposer aux Chambres une commutation de peine ?

— Oui, je me le rappelle encore.

— Eh bien ! je suis condamné à mort, moi ; avant-hier, mon pourvoi en cassation a été rejeté, et il ne me reste d'espoir que dans le pourvoi en grâce que j'ai adressé hier à Sa Majesté.

— Je comprends.

— Vous êtes toujours le médecin du roi par quartier ?

— Oui, et même dans ce moment-ci je suis de service.

— Eh bien ! mon cher docteur, vous en votre qualité de médecin du roi, vous pouvez le voir à toute heure ; voyez-le, je vous en supplie, dites que vous me connaissez, ayez ce courage, et demandez-lui ma grâce ; au nom du ciel ! je vous en supplie.

— Mais cette grâce, repris-je, en supposant même que je puisse l'obtenir, ne sera jamais qu'une commutation de peine.

— Je le sais bien.

— Et cette commutation de peine, ne vous abusez pas, ce sera les galères à perpétuité.

— Que voulez-vous, murmura le condamné avec un soupir, cela vaut toujours mieux que la mort !

A mon tour je sentis une sueur froide qui perlait sur mon front.

— Oui, dit Gabriel en me regardant, oui, je comprends ce qui se passe en vous : vous me méprisez, vous me trouvez lâche, vous vous dites que mieux vaut cent fois mourir que traîner à perpétuité, quand on a vingt-six ans surtout, un boulet infame.

« Mais que voulez-vous ? depuis que cet arrêt a été rendu, je n'ai pas dormi une heure ; regardez mes cheveux.... il y en a la moitié qui ont blanchi.

« Oui, j'ai peur de la mort, sauvez-moi de la mort, c'est tout ce que je demande ; ils feront ensuite tout ce qu'ils voudront de moi.

— Je tâcherai, répondis-je.

— Ah ! docteur, docteur, s'écria le malheureux en saisissant ma main et en appuyant ses lèvres sur elle avant que j'eusse eu le temps de la retirer ; docteur, je le savais bien que mon seul, mon unique, mon dernier espoir était en vous.

— Monsieur ! repris-je, honteux de ces humbles démonstrations.

— Et maintenant, dit-il, ne perdez pas une minute, allez, allez; si par hasard quelque obstacle s'opposait à ce que vous vissiez le roi, insistez, au nom du ciel ! Songez que ma vie est attachée à vos paroles ; songez qu'il est neuf heures du soir, et que c'est demain à six heures du matin. Neuf heures à vivre, mon Dieu ! si vous ne me sauvez pas, je n'ai plus que neuf heures à vivre.

— A onze heures, je serai aux Tuileries.

— Et pourquoi à onze heures, pourquoi pas tout de suite; vous perdez deux heures, ce me semble.

— Parce que c'est à onze heures que le roi se retire ordinairement pour travailler, et que, jusqu'à cette heure, il demeure au salon de réception.

— Oui, et ils sont là une centaine de personnes qui causent; qui rient, qui sont sûrs du lendemain, sans songer qu'il y a un homme, un de leurs semblables, qui sue son agonie dans un cachot, à la lueur de cette lampe, en face de ces murs, couverts de noms de gens qui ont vécu comme il vit en ce moment, et qui le lendemain étaient morts. Ils ne savent pas tout cela, eux, dites-leur que c'est ainsi et qu'ils aient pitié de moi.

— Je ferai ce que je pourrai, monsieur, soyez tranquille.

— Puis, si le roi hésitait, adressez-vous à la reine : c'est une sainte femme, elle doit être contre la peine de mort! Adressez-vous au duc d'Orléans, tout le monde parle de son bon cœur. Il disait un jour, à ce qu'on m'a assuré, que s'il montait jamais sur le trône, il n'y aurait pas une seule exécution sous son règne. Si vous vous adressiez à lui au lieu de vous adresser au roi ?

— Rassurez-vous, je ferai ce qu'il faudra faire.

— Mais espérez-vous quelque chose, au moins ?

— La clémence du roi est grande, j'espère en elle.

— Dieu vous entende ! s'écria-t-il en joignant les mains. Oh ! mon Dieu ! mon Dieu ! touchez le cœur de celui qui d'un mot peut me tuer ou me faire grâce.

— Adieu, monsieur.

— Adieu ! que dites-vous là ? ne reviendrez-vous point?

— Je reviendrai si j'ai réussi.

— Oh ! dans l'un ou l'autre cas, que je vous revoie! Mon Dieu ! que deviendrais-je si je ne vous revoyais pas ? Jusqu'au pied de l'échafaud je vous attendrais, et quel supplice qu'un pareil doute. Revenez, je vous en supplie, revenez.

— Je reviendrai.

— Ah, bien ! dit le condamné, que ses forces semblèrent abandonner du moment où il eut obtenu de moi cette promesse; bien, je vous attends !

Et il se laissa retomber lourdement sur sa chaise.

Je m'avançai vers la porte.

— A propos, s'écria-t-il, envoyez-moi mon père, je ne veux pas rester seul ; la solitude, c'est le commencement de la mort.

— Je vais faire ce que vous désirez.

— Attendez. A quelle heure croyez-vous être de retour?

— Mais, je ne sais.... cependant je crois que vers une heure du matin....

— Tenez, voilà neuf heures et demie qui sonnent ; c'est incroyable comme les heures passent vite, depuis deux jours surtout ! Ainsi, dans trois heures, n'est-ce pas ?

— Oui.

— Allez, allez, allez ; je voudrais à la fois vous garder et vous voir partir. Au revoir, docteur, au revoir. Envoyez-moi mon père, je vous prie.

La recommandation était inutile : le pauvre vieillard ne m'eût pas plus tôt vu apparaître à la porte qu'il se leva.

Le guichetier qui me faisait sortir le fit entrer, et la porte se referma sur lui.

Je remontai, le cœur serré. Je n'avais jamais vu si hideux spectacle, et certes, cependant, la mort nous est familière, à nous autres médecins, et il y a peu d'aspects sous lesquels elle ne nous soit connue ; mais jamais je n'avais vu la vie lutter si lâchement contre elle.

Je sortis en prévenant le directeur que je reviendrais probablement dans le courant de la nuit.

Mon cabriolet m'attendait à la porte ; je revins chez moi et trouvai mes amis qui faisaient joyeusement une bouillotte, et je me rappelai ce que m'avait dit ce malheureux.

« Il y a dans ce moment-ci des hommes qui rient, qui s'amusent, sans songer qu'il y a un de leurs semblables qui sue son agonie. »

J'étais si pâle qu'on m'apercevant ils jetèrent un cri de surprise et presque de terreur, et qu'ils me demandèrent tous ensemble s'il m'était arrivé quelque accident.

Je leur racontai ce qui venait de se passer, et, à la fin de mon récit, ils étaient presque aussi pâles que moi.

Puis, j'entrai dans mon cabinet de toilette, et je m'habillai.

Lorsque je sortis, la bouillotte avait cessé.

Ils étaient debout et causaient : une grande discussion s'était engagée sur la peine de mort.

XVIII.

UNE VEILLÉE DU ROI.

Il était dix heures et demie. Je voulus prendre congé d'eux, mais tous me répondirent qu'avec ma permission, ils resteraient chez moi à attendre l'issue de ma visite à Sa Majesté.

J'arrivai aux Tuileries, Il y avait cercle chez la reine.

La reine, les princesses et les dames d'honneur, assises autour d'une table ronde, travaillaient selon leur habitude à faire de la tapisserie destinée à des œuvres de bienfaisance.

On me dit que le roi s'était retiré dans son cabinet et travaillait.

Vingt fois il m'était arrivé de pénétrer avec Sa Majesté dans ce sanctuaire. Je n'eus donc pas besoin de me faire conduire : je connaissais le chemin.

Dans la chambre attenante, travaillait un des secrétaires particuliers du roi, nommé L.... C'était un de mes amis, et de plus un de ces hommes sur le cœur duquel on peut toujours compter.

Je lui dis quelle cause m'amenait, et le priai de prévenir Sa Majesté que j'étais là et que je sollicitais la faveur d'être admis près d'elle.

L.... ouvrit la porte, un instant après j'entendis le roi qui répondait.

—Fabien, le docteur Fabien ? eh bien ! mais qu'il entre.

Je profitai de la permission, sans même attendre le retour de mon introducteur. Le roi s'aperçut de mon empressement.

—Ah ! ah ! dit-il, docteur, il paraît que vous écoutez aux portes ; venez, venez.

J'étais fortement ému.

Jamais je n'avais vu le roi dans une circonstance pareille, un mot de lui allait décider de la vie d'un homme.

La majesté royale m'apparaissait dans toute sa splendeur, son pouvoir en ce moment participait du pouvoir de Dieu.

Il y avait alors sur le visage du roi une telle expression de sécurité, que je repris confiance.

—Sire, lui dis-je, je demande mille fois pardon à Votre Majesté de me présenter ainsi devant elle sans qu'elle m'ait fait l'honneur de m'appeler ; mais il s'agit d'une bonne et sainte action, et j'espère qu'en faveur du motif, Votre Majesté me pardonnera.

—En ce cas, vous êtes deux fois le bienvenu, docteur ; parlez vite. Le métier de roi devient si mauvais par le temps qui court, qu'il ne faut pas laisser échapper l'occasion de l'améliorer un peu. Que désirez-vous ?

—J'ai souvent eu l'honneur de débattre avec Votre Majesté cette grave question de la peine de mort, et je sais quelles sont sur ce sujet les opinions de Votre Majesté ; je viens donc à elle avec toute confiance.

—Ah ! ah ! je me doute de ce qui vous amène.

—Un malheureux, coupable d'avoir fabriqué de faux billets de banque, a été condamné à mort par les dernières assises ; avant-hier, son pourvoi en cassation a été rejeté, et cet homme doit être exécuté demain.

—Je sais cela, dit le roi, et j'ai quitté le cercle pour venir examiner moi-même toute cette procédure.

—Comment, vous-même, sire ?

—Mon cher monsieur Fabien, continua le roi, sachez bien une chose, c'est qu'il ne tombe pas une tête en France que je n'aie acquis par moi-même la certitude que le condamné était bien véritablement coupable.

« Chaque nuit qui précède une exécution est pour moi une nuit de profondes études et de réflexions solennelles.

« J'examine le dossier depuis sa première jusqu'à sa dernière ligne, je suis l'acte d'accusation dans tous ses détails.

« Je pèse les dépositions à charge et à décharge; loin de toute impression étrangère, seul avec la nuit et la solitude, je m'établis en juge des juges. Si ma conviction est la leur, que voulez-vous ? le crime et la loi sont là en face l'un de l'autre, il faut laisser faire la loi ; si je doute, alors je me souviens du droit que Dieu m'a donné, et, sans faire grâce, je conserve au moins la vie. Si mes prédécesseurs eussent fait comme moi, docteur, peut-être eussent-ils eu, au moment où Dieu les a condamnés à leur tour, quelques remords de moins sur la conscience, et quelques regrets de plus sur leur tombeau.

Je laissais parler le roi, et je regardais, je l'avoue, avec une vénération profonde cet homme tout-puissant, qui, tandis qu'on riait et qu'on plaisantait à vingt pas de lui, se retirait seul et grave, et venait incliner son front sur une longue et fatigante procédure pour y chercher la vérité. Ainsi, aux deux extrémités de la société, deux hommes veillaient, occupés d'une même pensée : le condamné, c'est que le roi pouvait lui faire grâce ; — le roi, c'est qu'il pouvait faire grâce au condamné.

— Eh bien ! sire, lui dis-je avec inquiétude, quelle est votre opinion sur ce malheureux ?

—Qu'il est bien véritablement coupable; d'ailleurs il n'a pas nié un seul instant ; mais aussi que la loi est trop sévère.

— Ainsi, j'ai donc l'espoir d'obtenir la grâce que je venais demander à Votre Majesté ?

— Je voudrais vous laisser croire, monsieur Fabien, que je fais quelque chose pour vous ; mais je ne veux pas mentir : quand vous êtes entré, ma résolution était déjà prise.

— Alors, dis-je, Votre Majesté fait grâce ?

— Cela s'appelle-t-il faire grâce, dit le roi.

Il prit le pourvoi déployé devant lui, et écrivit en marge ces deux lignes :

«Je commue la peine de mort en celle des travaux forcés à perpétuité. «

Et il signa.

— Oh ! dis-je, cela serait, sire, pour un autre, une condamnation plus cruelle que la peine de mort ; mais pour celui-là, c'est une grâce, je vous en réponds... et une véritable grâce. Votre Majesté me permet-elle de la lui annoncer.

— Allez, monsieur Fabien, allez, dit le roi. Puis appelant L...? Faites porter ces pièces chez monsieur le garde des sceaux, dit-il, et qu'elles lui soient remises à l'instant même; c'est une commutation de peine.

Et me saluant de la main, il ouvrit un autre dossier.

Je quittai aussitôt les Tuileries par l'escalier particulier qui conduit du cabinet du roi à l'entrée principale; je retrouvai mon cabriolet dans la cour, je m'y élançai et je partis.

Minuit sonnait comme j'arrivais à Bicêtre.

Le directeur faisait toujours sa partie de piquet.

Je vis que je le contrarierais beaucoup en le dérangeant.

—C'est moi, lui dis-je; veus avez permis que je revinsse près du condamné, j'use de la permission.

— Faites, dit-il; François, conduisez monsieur. »

Puis, se tournant vers son partner avec un sourire de profonde satisfaction.

—Quatorze de dames et sept piques sont-ils bons? dit-il.

— Parbleu! répondit le partner d'un air on ne peut plus contrarié; je le crois bien, je n'ai que cinq carreaux.

Je n'en entendis pas davantage.

Il est incroyable combien une même heure, et souvent un même lieu, réunissent de préoccupations différentes.

Je descendis l'escalier aussi vivement que possible.

— C'est moi! criai-je de l'autre côté de la porte, c'est moi!

Un cri répondit au mien.

La porte s'ouvrit.

Gabriel Lambert s'était élancé de son siége.

Il était debout au milieu de son cachot, pâle, les cheveux hérissés, les yeux fixés, ses lèvres tremblantes, n'osant risquer une interrogation.

— Eh... bien? murmura-t-il.

— J'ai vu le roi; il vous fait grâce de la vie.

Gabriel jeta un second cri, étendit les bras comme pour chercher un appui, et tomba évanoui près de son père, qui s'était levé à son tour, et qui n'étendit même pas les bras pour le soutenir.

Je me penchai pour secourir ce malheureux.

—Un instant! dit le vieillard en m'arrêtant; mais à quelle condition?

— Comment! comment! à quelle condition?

— Oui, vous avez dit que le roi lui faisait grâce de la vie; à quelle condition lui fait-il cette grâce?

Je cherchais un biais.

— Ne mentez pas, monsieur, dit le vieillard; à quelle condition?

— La peine est commuée en celle des travaux forcés à perpétuité.

— C'est bien! dit le père; je me doutais que c'était pour cela qu'il voulait vous parler seul, l'infâme.

Et, se redressant de toute sa hauteur, il alla d'un pas ferme prendre son bâton, qui était dans un coin.

— Que faites-vous? lui demandai-je.

— Il n'a plus besoin de moi, dit-il. J'étais venu pour le voir mourir, et non pour le voir marquer. L'échafaud le purifiait, le lâche a préféré le bagne. J'apportais ma bénédiction au guillotiné, je donne ma malédiction au forçat.

— Mais, monsieur, repris-je.

— Laissez-moi passer, dit le vieillard en étendant le bras vers moi avec un air de si suprême dignité, que je m'écartai sans essayer de le retenir davantage par une seule parole.

Il s'éloigna d'un pas grave et lent, et disparut dans le corridor, sans retourner la tête pour voir une seule fois son fils.

Il est vrai que lorsque Gabriel Lambert revint à lui, il ne demanda pas même où était son père.

Je quittai ce malheureux avec le plus profond dégoût qu'un homme m'ait jamais inspiré.

Je lus le lendemain, dans le *Moniteur*, la commutation de peine.

Puis je n'entendis plus parler de rien, et j'ignore vers quel bagne il a été acheminé.

Là se terminait la narration de Fabien.

XIX.

LE PENDU.

En revenant, vers la fin du mois de juin 1841, de l'un de mes voyages d'Italie, je trouvai, comme d'habitude, une masse de lettres qui m'attendaient.

En général, et pour l'édification de ceux qui m'écrivent, j'avouerai qu'en pareil cas le dépouillement est bientôt fait.

Les lettres dont je reconnais l'écriture pour venir d'une main amie sont mises à part et lues; les autres sont impitoyablement jetées au feu.

Cependant une de ces lettres, timbrées de Toulon, et dont l'écriture ne me rappelait aucun souvenir, obtint grâce, m'ayant frappé par sa singulière suscription.

Cette suscription était ainsi conçue :

» *Monsieur Alexandre Dumas, hoteur drammatique an Europe, uoire an passan à l'hôtel de Paris syl n'y serait pas.* »

Je décachetai la lettre et cherchai le nom du flatteur qui me l'avait écrite. Elle était signée *Rossignol*. Au premier abord le nom me resta aussi inconnu que l'écriture.

Mais en rapprochant ce nom du timbre, je commençai à voir clair dans mes souvenirs; les premiers mots, au reste, fixèrent tous mes doutes.

Elle venait de l'un des douze forçats qui avaient été à mon service lorsque j'habitais ma petite bastide, au fort Lamalgue. Comme cette lettre a non seulement rapport à l'histoire que je viens de raconter, mais encore en est le complément, je la mettrai purement et simplement sous les yeux du lecteur, en lui faisant grâce des fautes d'orthographe, dont il a vu un échantillon dans l'adresse, et qui en déparaient le style.

« Monsieur Dumas,

« Pardonnez à un homme que ses malheurs ont momentanément séparé de la société (je suis ici à temps, comme vous savez) l'audace qu'il prend de vous écrire; mais son intention lui servira d'excuse près de vous, je l'espère, attendu que ce qu'il fait en ce moment, il le fait dans l'espérance de vous être agréable.

(Comme on le voit, la préface était encourageante, aussi je continuai.)

« Il n'est pas que vous vous rappeliez Gabriel Lambert, celui qu'on appelait le docteur, vous savez bien; le même qui n'a pas voulu aller chercher au cabaret du fort Lamalgue le fameux déjeuner que vous avez eu la bonté de nous offrir.

« L'imbécile!

« Vous devez vous le rappeler, car vous l'aviez reconnu pour l'avoir vu autrefois dans le beau monde, et lui aussi vous avait reconnu, que vous en étiez si fort préoccupé que vous en avez écrasé de questions ce pauvre père Chiverny, le garde-chouirme, qui, avec son air méchant, est un brave homme tout de même.

« Eh bien, donc! voilà ce que j'avais à vous dire sur Gabriel Lambert; écoutez bien.

Depuis son arrivée à l'établissement, Gabriel Lambert avait pour camarade de chaîne un bon garçon, nommé Accacia, qui était chez nous pour une fadaise.

Dans une dispute qu'il avait eue avec des camarades, il avait donné, sans le faire exprès, en gesticulant, un coup de couteau à son meilleur ami, ce qui lui en a fait pour dix ans, attendu que son meilleur ami en était mort, ce dont le pauvre Accacia n'a jamais pu se consoler.

Mais les juges avaient pris en considération son innocence, et, comme je vous l'ai dit, quoique son imprudence eût causé la mort d'un homme, ils lui avaient donné un bonnet rouge seulement.

Quatre ans après votre passage à Toulon, c'est-à-dire en 1838, Accacia nous fit donc un beau matin ses adieux.

Justement, la veille, mon camarade de chaîne avait *claqué.*

Il résulta de ce double événement de départ et de mort que, Gabriel et moi nous trouvant seuls, on nous accoupla ensemble.

Si vous vous en souvenez, Gabriel n'avait pas l'abord gracieux. La nouvelle que j'allais être rivé à lui ne me fut donc agréable que tout juste, comme on dit.

Cependant je réfléchis que je n'étais pas à Toulon pour y avoir toutes mes aises, et, comme je suis philosophe, j'en pris mon parti.

Le premier jour il ne m'ouvrit pas la bouche, ce qui ne laissa pas de m'ennuyer fort, attendu que je suis causeur de mon naturel : cela m'inquiétait d'autant plus, qu'Accacia m'avait déjà plus d'une fois parlé de l'infirmité qu'il avait d'être accouplé à un muet.

Je pensai que moi qui y suis pour vingt ans, et qui, par conséquent, avais encore dix ans à faire,—mon jugement, jugement bien injuste allez, et que j'aurais bien certainement fait casser si j'avais eu des protections, étant du 24 octobre 1828, — j'allais passer dix années peu récréatives.

Je m'ingéniai donc pendant la nuit sur ce que je devais faire, en me rappelant le moyen qu'avait employé le renard pour faire parler le corbeau.

— Monsieur Gabriel, lui dis-je quand le jour fut venu, me permettez-vous de m'informer ce matin de l'état de votre santé?

Il me regarda avec étonnement, ne sachant pas si je parlais sérieusement ou si je me moquais de lui.

Je conservai la plus grande gravité.

— Comment, de ma santé? répondit-il.

C'était, comme vous le voyez, déjà quelque chose. Je lui avais fait desserrer les dents.

— Oui, de l'état de votre santé, repris-je; vous m'avez paru passer une mauvaise nuit.

Il poussa un soupir.

— Oui, mauvaise, reprit-il, mais c'est comme cela que je les passe toutes.

— Diable ! repris-je.

Sans doute il se trompa au sens de mon exclamation, car, après un instant de silence, il reprit :

— Cependant, rassurez-vous, quand je ne dormirai point, je tâcherai de me tenir tranquille et de ne point vous réveiller.

— Oh! ne vous donnez pas tant de peine pour moi, monsieur Lambert, repris-je; je suis si honoré d'être votre camarade de chaîne, que je passerai volontiers par-dessus quelques petits inconvéniens.

Gabriel me regarda avec un nouvel étonnement.

Ce n'était point ainsi que s'y était pris Accacia pour le faire parler : il l'avait battu jusqu'à ce qu'il parlât; mais quoiqu'il fût arrivé à un résultat, ce résultat n'avait jamais été bien satisfaisant, et il y avait toujours eu du froid entre eux.

— Pourquoi me parlez-vous ainsi, mon ami? me demanda Gabriel Lambert.

— Parce que je sais à qui je parle, monsieur, et que je ne suis point un goujat, je vous prie de le croire.

Gabriel me regarda de nouveau d'un air défiant; mais je lui souris avec tant d'amabilité, qu'une partie de ses doutes parut s'évanouir.

L'heure du déjeuner arriva. On nous servit, comme d'habitude, notre gamelle pour deux; mais au lieu de plonger ma cuillère à l'instant même dans la soupe, j'attendis respectueusement qu'il eût fini pour commencer. Cette dernière attention le toucha au point qu'il me laissa non-seulement la plus grosse part, mais encore les meilleurs morceaux.

Je vis qu'il y avait tout à gagner dans ce monde à être poli.

Bref, au bout de huit jours, à part un certain air de supériorité qui ne le quitta jamais, nous étions les meilleurs amis du monde.

Malheureusement, je n'avais pas beaucoup gagné à faire parler mon compagnon : sa conversation était des plus mélancoliques, et il fallait véritablement toute la gaîté naturelle dont la Providence m'a doué pour que je ne me perdisse pas moi-même à une pareille école.

Je passai deux ans ainsi, pendant lesquels il alla toujours s'assombrissant.

De temps en temps je m'apercevais qu'il voulait me faire une confidence.

Je le regardais alors de l'air le plus ouvert que je pouvais prendre, afin de l'encourager; mais sa bouche, à moitié ouverte, se refermait, et je voyais que la chose était encore remise à un autre jour.

Je cherchais quelle sorte de confidence cela pouvait être, et c'était toujours une occupation qui me distrayait un peu, lorsqu'une fois que nous marchions côte à côte d'une voiture chargée de vieux canons qu'on enlevait pour la refonte et qui pesait bien dix mille, je le vis s'approcher d'elle et regarder la roue d'une certaine façon qui voulait dire :

« Si je n'étais pas un poltron, je mettrais ma tête là-dessous, et tout serait dit. »

De ce moment je fus fixé. Le suicide est chose commune au bagne.

Aussi, un jour que nous travaillions sur le port, et que, profitant de son isolement, je le vis me regarder de sa façon accoutumée, je résolus d'en finir cette fois-là avec ses scrupules. Il faut vous dire qu'au bout du compte il était assommant, et que je commençais à en avoir par-dessus les oreilles; de sorte que je n'aurais pas été fâché de m'en trouver débarrassé d'une façon ou de l'autre.

— Eh bien! lui dis-je, voyons, qu'avez-vous à me regarder ainsi?

— Moi? rien, me répondit-il.

— Si fait, lui dis-je.

— Tu te trompes.

— Je me trompe si peu que, si vous le voulez, je vous le dirai, moi, ce que vous avez.

— Toi?

— Oui, moi.

— Eh bien! dis!

— Vous avez que vous voudriez bien vous détruire, seulement vous avez peur de vous faire du mal.

Il devint blanc comme linge.

— Et qui a pu te dire cela?

— Je l'ai deviné.

— Eh bien! oui, Rossignol, tu as raison, et c'est la vérité; je voudrais me tuer, mais j'ai peur.

— Allons donc, nous y voilà. Ça vous ennuie donc, le bagne?

— J'ai regretté vingt fois de ne pas avoir été guillotiné.

— Chacun son goût. Moi, j'avoue que, quoique les jours qu'on passe ici ne soient pas filés d'or et de soie, j'aime encore mieux cela que Clamart.

— Oui, mais toi!

— Je comprends, vous vous trouvez déplacé, vous. C'est juste : quand on a eu cent mille livres de rentes ou à peu près, quand on a roulé dans de beaux équipages, qu'on s'est habillé de drap fin et qu'on a fumé des cigares à quatre sous, c'est vexant de traîner la chaîne, d'être vêtu de rouge et de chiquer du caporal; mais, que voulez-vous? faut être philosophe dans ce monde-ci, quand on n'a pas le courage de se signer à soi-même son passeport pour l'autre.

Gabriel poussa un soupir qui ressemblait à un gémissement.

— N'as-tu donc jamais eu l'envie de te tuer, toi? me demanda-t-il.

— Ma foi! non.

— Alors, tu n'as jamais songé, parmi les différens genres de mort, à celle qui devait être la moins douloureuse?

— Dame! il y a toujours un moment qui doit être dur à passer; cependant on dit que la pendaison a ses charmes.

— Tu crois?

— Sans doute que je le crois; on dit même que c'est pour ça qu'on a inventé la guillotine. Un pendu, dont la corde avait cassé, en avait raconté, à ce qu'il paraît, des choses si agréables, que les condamnés avaient fini par aller à la potence comme s'ils allaient à la noce.

— Vraiment?

— Vous comprenez que je n'en ai pas essayé, moi; mais enfin, ici, c'est une tradition.

— De sorte que, si tu avais résolu de te tuer, tu te pendrais?

— Certainement.

Il ouvrit la bouche; je crois que c'était pour me demander de nous pendre ensemble; mais, sans doute, il vit sur mon visage que je n'étais pas disposé à cette partie de plaisir, car il garda un instant le silence.

— Eh bien! lui dis-je, êtes-vous décidé?

— Pas encore tout à fait, car il me reste un espoir.

— Lequel?

— C'est que je trouverai un de nos camarades qui, moyennant que je lui laisserai tout ce que j'ai et une lettre constatant que je me suis détruit moi-même, consentira à me tuer.

En même temps il me regardait comme pour me demander si cette proposition ne m'allait pas.

Je secouai la tête.

— Oh non! lui dis-je, je ne me donne pas là-dedans, moi, et le raisiné me fait peur; il fallait demander cela à Accacia; c'était pour un coup dans le genre de celui-là qu'il était ici, et, peut-être qu'en prenant bien toutes ses précautions, il eût accepté; mais, avec moi, cela est impossible.

— Au moins une fois que je serai bien décidé à me tuer, tu m'aideras dans mon projet?

— C'est-à-dire que je ne vous empêcherai pas de l'accomplir, voilà tout. Diable! je ne suis qu'à temps, moi, et je ne veux pas me compromettre.

Nous en restâmes là de la conversation.

Près de six mois s'écoulèrent encore, pendant lesquels il ne fut plus un instant question de rien entre nous.

Cependant je voyais Gabriel de plus en plus triste, et je me doutais qu'il essayait de se familiariser avec son projet.

Quant à moi, comme ses réflexions ne m'égayaient pas le moins du monde, j'avais hâte, je l'avoue, qu'il prît un parti.

Enfin, un matin, après une nuit passée tout entière à se tourner et à se retourner, il se leva plus pâle encore que d'habitude; et comme il ne touchait pas à son déjeuner, et que je lui demandais s'il était malade:

— Ce sera pour aujourd'hui, me dit-il.

— Ah! ah! lui répondis-je, décidément?

— Sans remise.

— Et vous avez pris toutes vos précautions?

— N'as-tu pas vu qu'hier j'ai écrit un billet à la cantine?

— Oui, mais je n'ai pas eu l'indiscrétion de regarder.

— Le voilà.

Il me donna un petit papier plié. Je l'ouvris, et je lus :

« La vie du bagne m'étant devenue insupportable, je suis décidé à me pendre demain, 5 juin 1841.

« GABRIEL LAMBERT. »

— Eh bien! me dit-il, comme satisfait de la preuve de courage qu'il me donnait, tu vois bien que ma décision est prise, et que mon écriture n'est pas tremblée.

— Oui, je vois bien cela, répondis-je; mais avec ce billet-là vous m'en donnez au moins pour un mois de cachot.

— Pourquoi?

— Parce que rien ne dit que je ne vous ai pas aidé dans votre projet, et que je ne vous laisserai pendre, je vous en préviens, qu'à la condition qu'il ne me reviendra point de mal, à moi.

— Comment faire, alors? me dit-il.

— Écrire un autre billet autrement conçu, d'abord.

— Conçu en quels termes?

— Dans ceux-ci, à peu près, tenez:

« Aujourd'hui, 5 juin 1841, pendant l'heure de repos que l'on nous accorde, tandis que mon camarade Rossignol dormira, je compte exécuter la résolution que j'ai prise depuis longtemps de me suicider, la vie du bagne m'étant devenue insupportable.

» J'écris cette lettre afin que Rossignol ne soit aucunement inquiété.

» Gabriel LAMBERT. »

Gabriel approuva la rédaction, écrivit la lettre, et la mit dans sa poche.

Le même jour, en effet, et comme midi venait de sonner, Gabriel, qui ne m'avait pas dit un mot depuis le matin, me demanda si je connaissais un endroit propre à mettre à exécution le projet qu'il avait arrêté. Je vis bien qu'il barguignait, et que ça ne serait pas encore pour tout de suite si je ne l'aidais pas.

— J'ai votre affaire, lui dis-je en faisant un signe de la tête. Après cela, si vous n'êtes pas encore bien décidé; remettez la chose à un autre jour.

— Non, dit-il en faisant un violent effort sur lui-même; non, j'ai dit que ce serait pour aujourd'hui; ce sera pour aujourd'hui.

— Le fait est, répondis-je négligemment, que lorsqu'on a pris ce parti-là, plus tôt on l'exécute, mieux cela vaut.

— Conduis-moi donc, dit Gabriel.

Nous nous mîmes en route; il se faisait traîner; mais je n'avais pas l'air d'y faire attention.

Plus nous approchions de l'endroit, qu'il connaissa aussi bien que moi, plus il faisait le clampin. Je n'av l'air de rien voir, je marchais toujours.

— Oui, c'est bien là, murmura-t-il quand nous fûmes arrivés.

Preuve qu'il avait vu, comme moi, que l'endroit était bien gentil pour la chose.

En effet, près d'une de ces grandes piles de planches carrées que vous connaissez, poussait un mûrier magnifique.

Je pouvais avoir l'air de dormir à l'ombre de la pile de bois, et lui, pendant ce temps, pouvait se pendre au mûrier.

— Eh bien! lui dis-je, que pensez-vous de l'endroit?

Il était pâle comme la mort.

— Allons, repris-je, je vois bien que ça ne sera pas encore pour aujourd'hui.

— Tu te trompes, répondit-il; ma résolution est prise; seulement il me manque une corde.

— Comment, lui dis-je, vous ne connaissez pas l'endroit?

— Quel endroit?...

— L'endroit où vous avez caché ce bout de fil de carret que vous aviez mis dans votre poche, un jour que nous traversions la corderie.

— En effet, dit-il en balbutiant, je crois que c'est ici que je l'avais déposé.

— Tenez, là, lui dis-je en lui montrant du doigt l'endroit de la pile de bois où je lui avais vu, quinze jours auparavant, fourrer l'objet demandé.

Il s'inclina, introduisit sa main dans une des ouvertures.

— Dans l'autre, lui dis-je; dans l'autre.

En effet, il fouilla dans l'autre, et en tira une jolie petite corde de trois brasses de long.

— Sacristi ! lui dis-je, voilà qui ferait venir l'eau à la bouche.
— Maintenant, que faut-il que je fasse ? me demanda-t-il.
— Priez-moi tout de suite de vous préparer la chose, ce sera plus tôt fait.
— Eh bien ! oui, dit-il, tu me ferais plaisir.
— Je vous ferais plaisir, en vérité.
— Oui.
— Vous m'en priez ?
— Je t'en prie.
— Allons, je n'ai rien à refuser à un camarade.
Je fis à la cordelette un joli petit nœud coulant, je l'attachai à une des branches les plus fortes et les plus élevées, et j'approchai du tronc du mûrier une bûche que je mis debout, et qu'il n'avait plus qu'à pousser du pied pour mettre deux pieds de vide entre lui et la terre.
C'était certes plus qu'il n'en fallait à un honnête homme pour se pendre.
Pendant tout ce temps, lui me regardait faire.
Il n'était plus pâle; il était couleur de cendre.
Quand ce fut achevé :
— Voilà, lui dis-je; la grosse ouvrage est faite; maintenant, avec un brin de résolution, ce sera fini en une seconde.
— Cela est bien aisé à dire, murmura-t-il.
— Après ça, repris-je, vous savez bien que ce n'est pas moi qui vous y pousse; au contraire, j'ai fait tout ce que j'ai pu pour vous en empêcher.
— Oui... mais moi je le veux, dit-il en montant résolûment sur sa bûche.
— Eh bien! mais attendez-donc, attendez-donc que je me couche, moi.
— Adieu, Rossignol, me dit-il.
— Couche-toi, me dit-il.
Je me couchai.
Et il passa la tête dans le nœud coulant.
— Eh bien ! ôtez donc votre cravate, lui dis-je; vous allez vous pendre avec votre cravate. Eh bien ! bon, ça sera du nouveau.
— C'est vrai, murmura-t-il.
Et il ôta sa cravate.
— Adieu, Rossignol, reprit-il une seconde fois.
— Adieu, monsieur Lambert, bien du courage; je vais fermer les yeux pour ne pas voir cela.
En effet, c'est terrible à voir...
Dix secondes s'écoulèrent pendant que je fermais les yeux; mais rien ne m'indiquait qu'il se passât quelque chose de nouveau.
Je les rouvris. Il avait toujours le cou passé dans le nœud coulant; mais ce n'était déjà plus un homme pour la couleur, c'était un cadavre.
— Eh bien ! lui dis-je.
Il poussa un soupir.
— Le père Chiverny ! m'écriai-je en fermant les yeux et en faisant un mouvement qui, je crois, fit tomber la bûche.
— A l'aide ! au se..... essaya de s'écrier Lambert; mais la voix s'éteignit étranglée dans son gosier.
Je sentis des mouvemens convulsifs qui faisaient trembler l'arbre, j'entendis quelque chose comme un râle.., puis au bout d'une minute tout s'éteignit.
Je n'osais pas bouger, je n'osais pas ouvrir les yeux, je faisais semblant de dormir; j'avais vu le père Chiverny, vous savez bien le garde-chiourme, venir de mon côté; j'entendais le bruit des pas qui s'approchait; enfin je sentis qu'on me donnait un violent coup de pied dans les reins.
— Eh ! qu'est-ce qu'il y a, les autres ? dis-je en me retournant et en faisant semblant de m'éveiller.
— Il a que, pendant que tu dors, ton camarade s'est pendu.
— Quel camarade ?... Tiens, c'est vrai ! fis-je, comme si j'ignorais complétement tout ce qui s'était passé.

— Avez-vous jamais vu un pendu, monsieur Dumas? c'est fort laid. Gabriel surtout était affreux. Il faut croire qu'il s'était fort débattu ; car il était tout défiguré, les yeux lui sortaient de la tête, la langue lui sortait de la bouche, et il se tenait cramponné de ses deux mains à la corde, comme s'il eût essayé de remonter. »
Il paraît que ma figure exprima un tel étonnement, que l'on crut à mon ignorance de la chose.
« D'ailleurs on fouilla dans sa poche de Gabriel, et on y trouva le petit papier qui me déchargeait entièrement.
On dépendit le cadavre, on le mit sur une civière, et on nous ramena l'un et l'autre à l'infirmerie.
Puis, on alla prévenir l'inspecteur. Pendant ce temps, je restai près du corps de mon compagnon, auquel j'étais enchaîné.
Au bout d'un quart d'heure, l'inspecteur entra; il examina le cadavre, écouta le rapport du père Chiverny, et m'interrogea.
Puis, recueillant toute sa sagesse pour porter un jugement,
— L'un au cimetière, l'autre au cachot.
— Mais, mon inspecteur, m'écriai-je.
— Pour quinze jours, dit-il.
Je me tus.
J'avais peur de faire doubler la peine, ce qui arrive ordinairement quand on réclame.
On me dériva et l'on me mit au cachot, où je restai quinze jours.
En sortant, on m'appareilla avec Perce-Oreille, un bon garçon que vous ne connaissez pas, et qui cause, au moins, celui-là.
» Voilà, monsieur Dumas, les détails que j'avais bien respectueusement l'intention de vous donner, persuadé qu'ils devaient vous être agréables. Si j'ai réussi, écrivez, je vous prie, à notre bon docteur Lauvergne, de me donner, de votre part, une livre de tabac.
» J'ai l'honneur d'être avec un très profond respect, monsieur,
» Votre très humble et très obéissant serviteur,

» ROSSIGNOL,

» En résidence à Toulon. »

XX.

PROCÈS-VERBAL.

Au mois d'octobre mil huit cent quarante-deux, je repassai à Toulon.
Je n'avais pas oublié l'étrange histoire de Gabriel Lambert, et j'étais curieux de savoir si les choses s'étaient passées comme mon correspondant Rossignol me les avait écrites.
J'allai faire une visite au commandant du port.
Malheureusement il avait été changé sans que j'en susse rien.
Son successeur ne m'en reçut pas moins à merveille, et comme dans la conversation il me demandait s'il pouvait m'être bon à quelque chose, je lui avouai que ma visite n'était pas tout à fait désintéressée, et que je désirais savoir ce qu'était devenu un forçat nommé Gabriel Lambert.
Il fit aussitôt appeler son secrétaire; c'était un jeune homme qu'il avait amené avec lui, et qui n'était à Toulon que depuis un an.
— Mon cher monsieur Durand, lui dit-il, informez-vous si le condamné Gabriel Lambert est toujours ici ; puis revenez nous dire ce qu'il fait, et quelles sont les notes qui le concernent.

Le jeune homme sortit, et dix minutes après rentra avec un registre tout ouvert.

— Tenez, monsieur, me dit-il, si vous voulez prendre la peine de lire ces quelques lignes, vous serez parfaitement satisfait.

Je m'assis devant la table où il avait posé le registre, et je lus :

« Cejourd'hui cinq juin mil huit cent quarante et un, moi, Laurent Chiverny, surveillant de première classe, faisant ma tournée dans le chantier, pendant l'heure de repos accordée aux condamnés à cause de la grande chaleur du jour, déclare avoir trouvé le nommé Gabriel Lambert, condamné aux travaux forcés à perpétuité, pendu à un mûrier, à l'ombre duquel dormait ou faisait semblant de dormir son compagnon de chaîne, André Toulman, surnommé Rossignol.

» A cet aspect, mon premier soin fut de réveiller ce dernier, qui manifesta la plus grande surprise de cet événement, et affirma n'en être aucunement complice. En effet, après qu'on eut détaché le cadavre, on le fouilla, et l'on trouva un billet qui disculpait complétement Rossignol.

» Cependant, comme le condamné était connu pour son excessive lâcheté, et qu'il paraît difficile qu'il se fût pendu sans l'aide de son compagnon, auquel il était attaché par une chaîne de deux pieds et demi seulement, j'ai l'honneur de proposer à monsieur l'inspecteur d'envoyer, pour un mois, André Toulman, dit Rossignol, au cachot.

» Laurent CHIVERNY,

» Surveillant de première classe. »

Au-dessous étaient écrites, d'une autre écriture, et signées d'un simple paraphe, les deux lignes suivantes :

« Faire enterrer ce soir le nommé Gabriel Lambert, et envoyer, à l'instant même, et pour un mois, e nommé Rossignol au cachot.

» V. B. »

Je pris copie de ce procès-verbal, et je le mets, sans y changer un mot, sous les yeux de mes lecteurs, qui y trouveront, avec la confirmation de ce que m'avait écrit Rossignol, le dénouement naturel et complet de l'histoire que je viens de leur raconter.

J'ajouterai seulement que j'admirai la perspicacité de l'honorable surveillant maître Laurent Chiverny, qui avait deviné qu'au moment où l'on retrouva le cadavre de Gabriel Lambert, son compagnon, André Toulman, paraissait dormir, mais ne dormait pas.

FIN DE GABRIEL LAMBERT ET DU ONZIÈME VOLUME.

AVENTURES DE LYDERIC.

I.

L'origine des comtes de Flandre remonterait, s'il faut en croire la chronique, à l'an 640 : comme toute grande puissance, son berceau est entouré de ces traditions mystérieuses familières à tous les peuples, et qui se sont perpétuées depuis Sémiramis, la fille des colombes, jusqu'à Rémus et Romulus, les nourrissons de la louve. Voici au reste cette tradition dans toute sa simplicité :

Vers la fin de l'an 628, Boniface V étant pape à Rome, et Clotaire régnant sur l'empire des Francs, Salwart, prince de Dijon, revenant, avec sa femme Ermengarde, de faire baptiser, dans une église très vénérée, Lyderic, leur fils premier-né, traversait la forêt de Sans-Merci, que l'on appelait ainsi à cause des brigandages qu'y exerçait Phinard, prince de Buck. Malgré la mauvaise réputation du lieu, Salwart, comptant sur son courage, n'avait autour de lui pour toute suite que quatre serviteurs, lorsque, arrivé vers la fin du jour à un endroit très épais et très sombre de la forêt, il fut attaqué par une troupe d'une vingtaine d'hommes, commandée par un chef qu'à sa taille gigantesque il lui fut facile de reconnaître pour le prince de Buck. Malgré la disproportion du nombre, il ne résolut pas moins de combattre, non point qu'il eût l'espérance de sauver sa vie, mais parce que pendant le combat il espérait que sa femme et son enfant auraient le temps de fuir. En effet, comme la nuit, ainsi que nous l'avons dit, commençait à se faire sombre, Ermengarde se laissa glisser en bas de son cheval et s'enfonça dans la forêt. Confiante alors dans la providence de Dieu, et voulant accomplir autant qu'il était en elle ses devoirs de mère et d'épouse, elle cacha son enfant au milieu d'un buisson qui poussait proche d'une fontaine appelée encore aujourd'hui la Saulx, à cause des grands saules qui l'ombrageaient; puis, après l'avoir recommandé à Dieu dans une ardente prière, elle revint vers l'endroit de la forêt où elle avait quitté son mari, afin, vivant ou mort, libre ou prisonnier, de partager le sort qu'il avait plu au Seigneur de lui faire.

En arrivant au lieu du combat, elle trouva huit corps

morts étendus par terre. Comme la lune venait de se lever, elle put en examiner les visages, reconnaître que c'étaient ceux de ses quatre serviteurs et probablement ceux de quatre assaillants; mais en aucun des trépassés elle ne reconnut son mari. Il était donc à coup sûr prisonnier, car elle connaissait trop le noble comte de Salwart pour penser un seul instant qu'il eût fui. Au même instant elle aperçut, à la lueur des torches qui l'escortaient, un convoi qui s'avançait dans la direction d'un château fort qui avait été autrefois une citadelle romaine; et, comme elle reconnut dans la haute stature de l'homme qui le précédait à cheval le chef de la troupe qui les avait attaqués, elle ne fit plus de doute que ce convoi n'emmenât son mari. Or, comme elle avait décidé que sa place à elle était près du comte, elle hâta le pas et rejoignit le cortége. Elle ne s'était point trompée : le comte, mortellement blessé, était couché sur un brancard. Les soldats s'écartèrent pour faire place à cette femme déjà à demi veuve, et de Buck, enchanté d'avoir deux prisonniers au lieu d'un, continua sa route vers son château, où l'on arriva après une demi-heure de marche à peu près.

Dans la nuit, le comte mourut en priant pour son fils. La comtesse resta prisonnière.

Dès le lendemain, le prince de Buck offrit à la comtesse de Salwart de racheter sa liberté au prix de ses États ou du moins d'une partie. Mais la comtesse pensa que tels elle les avait reçus de ses pères, tels elle devait les conserver à son enfant, et refusa toute négociation, disant au prince de Buck que comme son mari et elle étaient comtes souverains, ayant reçu leurs biens de Dieu, c'était à Dieu seul à disposer de leurs biens. Le prince de Buck ordonna alors de resserrer encore la captivité de la comtesse, espérant qu'elle se lasserait de sa prison et qu'il obtiendrait du temps ce qu'il voyait bien qu'il ne pourrait obtenir de la menace et de la violence. Il reprit donc ses brigandages dans la forêt Sans-Merci, et Ermengarde continua de prier près de la tombe du comte.

Il y avait dans la forêt, et non loin de l'endroit où avait eu lieu le combat, un ermitage très vénéré, habité par un vieil anachorète, qui avait fait force miracles dans son temps, mais qui commençait à se reposer, voyant l'espèce humaine devenir de jour en jour plus mauvaise, et ne la jugeant plus digne des célestes spectacles qu'il aurait pu lui donner. Aussi demeurait-il pour la plupart du temps retiré dans le fond de sa grotte, où il ne vivait que du lait d'une biche qui, trois fois par jour, venait lui présenter sa mamelle. L'ermite buvait une partie de ce lait et faisait cailler l'autre; de sorte qu'avec quelques racines qu'il arrachait de terre aux environs de sa grotte, il se trouvait avoir des provisions suffisantes : grâce à cette frugalité, il y avait plus de cinq ans qu'il n'avait mis le pied dans aucune ville ni dans aucun village.

Or, il arriva qu'un jour le bon vieillard s'aperçut que sa biche ne revenait à lui que la mamelle à moitié pleine, si bien que ce jour-là il eut encore du lait pour boire, mais n'en eut point à faire cailler : il attribua cette cause à quelque accident naturel qui disparaîtrait sans doute comme il était venu, et attendit au lendemain.

Le lendemain il trouva sa mesure encore diminuée, et non-seulement il n'en eut pas pour faire cailler, mais encore à peine en eut-il pour boire. Le bon ermite prit patience, espérant toujours que les choses changeraient, et cela était d'autant plus probable, que sa biche paraissait mieux portante que jamais, et avait un air joyeux qui faisait plaisir à voir.

Mais le surlendemain la chose continuait d'aller de mal en pis : la pauvre biche ce jour-là avait la mamelle si sèche, que l'ermite, qui n'avait plus même de lait pour boire, fut obligé de sortir de sa grotte pour aller chercher de l'eau. Il profita en même temps de la circonstance pour faire provision de racines, car depuis deux jours il était à la diète, son ordinaire était déjà si peu de chose, que quelque peu qu'on en retranchât, le jeûne devenait par trop rigoureux pour être supporté.

Le jour d'après, la biche revint la mamelle parfaitement vide.

Pour cette fois, il n'y avait pas à s'y tromper : quelque voleur se trouvait sur la route de la bonne pourvoyeuse, et interceptait les vivres du pauvre anachorète. Cependant, avant de concevoir un si terrible soupçon contre son prochain, le vieillard résolut de s'en assurer, et le matin du cinquième jour, comme la biche venait, ainsi que d'habitude, lui faire sa visite, il ferma la porte sur elle.

Toute la journée la biche parut fort inquiète, allant de l'ermite à la porte de l'ermitage, et de la porte de l'ermitage à l'ermite; le tout en bramant d'une façon si lamentable, que le vieillard vit bien qu'il se passait quelque chose d'étrange. Pendant ce temps, au reste, sa mamelle se remplissait comme aux jours de sa plus grande abondance, et l'ermite fut obligé de la traire trois fois. Il était donc bien évident que le défaut de lait qu'il avait trouvé chez elle depuis quelques jours ne devait pas être attribué à la stérilité.

Le soir, l'ermite entr'ouvrit la porte pour se chauffer, comme c'était son habitude, aux derniers rayons du soleil couchant; mais quelque précaution qu'il eût prise en ouvrant la porte pour retenir la biche prisonnière, celle-ci, dès qu'elle vit une ouverture, s'élança si violemment qu'elle renversa le vieillard, et, se trouvant libre, s'élança joyeuse et bondissante dans la forêt.

L'ermite se releva en secouant la tête; il connaissait sa biche et la savait incapable de se porter à un pareil acte de violence, même pour recouvrer sa liberté, car quelquefois, étant tombé malade, il l'avait vue des jours entiers rester couchée près de lui, ne sortant que pour brouter l'herbe et revenant aussitôt. Il comprit donc qu'il y avait là-dessous quelque mystère, et que ce mystère était tout autre chose que ce qu'il avait soupçonné d'abord.

Le jour suivant, sa conviction redoubla quand il ne vit point revenir la biche : c'était la première fois depuis cinq ans que le fidèle animal manquait à ses habitudes. Le bon ermite attendit; mais toute la journée se passa sans que la biche reparût.

Le lendemain, le vieillard commença de craindre qu'il ne fût arrivé malheur à sa compagne. Aussi, dès le point

du jour, alla-t-il ouvrir sa porte; mais alors il la vit qui broutait à quelques pas de l'ermitage : en l'apercevant, la biche manifesta par quelques bonds joyeux le plaisir qu'elle avait à le revoir; mais ce fut tout, car elle ne fit pas un pas vers l'ermitage. L'anachorète l'appela; à sa voix, fût-elle à cinq cents pas de distance, elle avait l'habitude d'accourir; mais cette fois, elle se contenta de tourner la tête de son côté en dressant les oreilles. L'ermite fit alors quelques pas vers elle, mais elle s'éloigna à mesure qu'elle le vit s'avancer. Il était évident qu'elle lui gardait rancune de sa captivité de la veille, et qu'elle ne voulait pas s'y exposer une seconde fois.

Ce langage mimique était trop clair pour que le vieillard ne le comprît pas. Il résolut donc de pénétrer les causes du changement de la biche à son égard; et comme vers le midi elle cessa de paître et parut manifester l'intention de s'enfoncer dans la forêt, l'ermite, de son côté, prit la résolution de la suivre. Ce qu'il fit en effet, secondé par la complaisance de l'animal, qui, comme s'il eût compris l'intention du vieillard, continua de marcher joyeusement par sauts et par bonds, mais sans jamais s'éloigner assez de lui pour qu'il le perdît de vue.

La biche conduisit ainsi le vieillard dans une charmante vallée toute plantée de saules qui trempaient l'extrémité de leurs longues branches pleurantes dans un petit ruisseau dont l'ermite connaissait la source pour s'y être souvent désaltéré. Arrivé à quelques pas de cette source, la biche fit trois ou quatre bonds et disparut. Le vieillard hâta le pas et arriva à l'endroit où il l'avait perdue de vue : là, il s'arrêta, regardant autour de lui sans rien voir autre chose qu'un gros buisson, sur lequel chantait un rossignol. Bientôt au milieu de ce buisson il entendit bramer doucement; il s'approcha alors avec précaution, et aperçut la biche couchée et allaitant un petit garçon de trois ou quatre mois, qui pressait ses mamelles avec ses petites mains. Le voleur était trouvé.

Le vieillard tomba à genoux et loua Dieu. Puis, ne voulant pas laisser la faible créature exposée aux animaux féroces auxquels elle avait échappé jusqu'alors comme par miracle, il la prit entre ses bras, et, l'enveloppant dans un pan de sa robe, il l'emporta dans son ermitage. La biche les accompagna, regardant l'enfant et léchant les mains du vieillard.

Le vieillard appela l'enfant Lyderic, en mémoire du rossignol qui chantait sur le buisson où il l'avait trouvé : lieder voulant dire, en allemand, joyeux chansonnier.

On devine qu'à compter de ce jour le bon anachorète vécut d'eau et de racines, laissant à son nourrisson tout le lait de la biche : aussi le nourrisson venait-il gros et fort que c'était merveille; à huit mois il se tenait debout sur ses pieds, et à dix il commençait à parler.

L'ermite lui apprit à lire dans la Bible. Mais de toutes les histoires que contenait le livre saint, celles qui lui plaisaient davantage étaient l'histoire de Nemrod, de Samson et de Judas Machabée.

II.

Aussi, dès qu'il put courir, l'enfant se fit-il une fronde et un arc; et bientôt son adresse fut telle, que, si éloigné et si petit que fût le but, il était sûr de l'atteindre avec sa flèche et avec sa pierre.

Ses forces croissaient en proportion de son adresse. A huit ans il était fort comme un homme ordinaire, et à dix, comme il se promenait un jour, ainsi que c'était son habitude, avec sa bonne nourrice qui commençait à se faire vieille, un loup affamé se jeta sur elle; mais lui se jeta sur le loup, et il l'étouffa entre ses bras. Puis de sa peau il se fit un vêtement, comme il avait vu, dans les gravures byzantines de la Bible du vieil ermite, que Samson s'en était fait un de la dépouille du lion.

Comme il ne se servait de sa fronde et de son arc que

contre les oiseaux de proie ou les animaux de carnage, tout ce qui était faible l'aimait et lui faisait fête : les lapins couraient devant lui, les chevreuils le suivaient comme s'il eût été le berger de leur troupeau sauvage, et les oiseaux volaient au-dessus de sa tête en lui chantant leurs plus mélodieuses chansons; et, parmi les oiseaux, les rossignols surtout, dont il y avait tous les ans un nid sur le buisson où il avait été trouvé, si bien que leur langage, inintelligible pour les autres, était compréhensible pour lui, et qu'il entendait tout ce qu'ils disaient.

Le vieil ermite voyait cela en pleurant de joie et en disant que le jeune homme était béni de Dieu.

Le premier chagrin qu'eut Lyderic fut causé par la mort de sa bonne biche : l'enfant ne savait point ce que c'était que la mort. Le vieillard le lui expliqua; mais l'explication, au lieu de le consoler, le rendit plus triste encore. Il creusa une fosse pour elle, la recouvrit de terre et de gazon, puis il s'assit en pleurant près de la tombe.

Alors un rossignol se mit à chanter au-dessus de sa tête :

« Tout vient de Dieu, tout retourne à Dieu, l'éphémère en une seconde, l'insecte en une heure, la rose en un jour, le papillon en six mois, le rossignol en un lustre, la biche en quinze ans, et l'homme en un siècle; et depuis l'éphémère qui a vécu une seconde jusqu'à l'homme qui a vécu un siècle, une fois mort, il semblera à l'éphémère, à l'insecte, au rossignol, à la biche et à l'homme, qu'ils auront vécu le même temps, car ils n'auront plus d'autre horloge que celle de l'éternité, dont un battement dit Jamais, et l'autre battement Toujours.

» Dieu est immortel, louons Dieu. »

Et le rossignol se mit alors à chanter, toujours dans son langage, un cantique si plein de foi, que Lyderic leva son regard au ciel, et qu'un rayon de soleil sécha les larmes qui coulaient de ses yeux : l'enfant était consolé.

Cependant la consolation n'est pas l'oubli : l'une est la fille de la foi, l'autre est le fils de l'égoïsme. Tous les jours Lyderic venait rendre visite à la tombe de la biche, sur laquelle poussaient des fleurs, et autour de laquelle chantaient les oiseaux. Peu à peu le gazon qui la couvrait se confondit avec le gazon voisin : à la fin de l'année, à peine s'il pouvait reconnaître la place. L'hiver vint, la terre se couvrit de neige; puis le printemps reparut à son tour, étendant sur la terre son tapis d'herbe tout brodé de fleurs. La nature était plus belle que jamais; mais tout vestige du tombeau de la pauvre biche avait disparu, et il fut impossible à Lyderic de retrouver même sa place.

Tandis qu'il la cherchait, courbé vers la terre, le rossignol chanta :

« Cherche, Lyderic, cherche; mais tu chercheras vainement. Le monde n'est formé que de débris humains; chaque atome de poussière a appartenu à un être animé. Si toute fosse ne s'affaissait d'elle-même, la terre aurait plus de vagues que l'Océan, et l'homme ne trouverait pas de place pour sa tombe entre la tombe de ses pères et celle de ses fils. »

Lorsque Lyderic eut atteint l'âge de quinze ans, le vieil anachorète commença de lui apprendre l'histoire : c'était un ancien clerc fort savant, tout à fait versé dans les langues anciennes, de sorte que les temps païens lui étaient familiers. Il résulta des connaissances qu'à ses trois héros bibliques Lyderic ne tarda point d'ajouter Alexandre, Annibal et César. Il lui apprit ensuite comment ce monde romain, si vaste qu'au delà de ses frontières on ne connaissait que déserts inhabités ou mers innavigables, s'était un jour lézardé par le milieu, si bien que de chacun de ses deux morceaux on avait fait un empire. Il lui raconta comment les nations asiatiques, poussées par la voix de Dieu, s'étaient tout à coup répandues sur l'Europe, pour rajeunir de leur sang barbare le sang corrompu de la vieille civilisation, et comment à cette heure même ils accomplissaient leur œuvre régénératrice, les Visigoths en Espagne, les Lombards en Italie, et les Francs dans les Gaules. Ces récits mêlés de combats et de guerre avaient

pour Lyderic un tel charme, qu'il était rare que le vieillard eût besoin de répéter deux fois la même histoire pour que cette histoire se fixât dans son esprit. Il en résulta qu'à l'âge de dix-huit ans Lyderic, dont la double éducation physique et morale était accomplie, était, quoiqu'il n'eût point quitté sa forêt nourricière, un des hommes les plus forts et les plus savans, non-seulement du royaume des Francs, mais encore du monde tout entier.

Alors, comme s'il n'eût attendu que ce moment pour terminer sa longue et sainte carrière, le digne anachorète, qui venait d'atteindre sa centième année, tomba malade; et, sentant que sa fin approchait, après avoir raconté à Lyderic tout ce qu'il savait sur son compte, lui remit un chapelet auquel pendait une médaille de la Vierge, et qui, étant roulé autour de son cou le jour où il l'avait trouvé, était le seul signe à l'aide duquel il pût reconnaître ses parens; puis il le laissa libre de vivre dans la retraite comme il avait vécu jusqu'alors, ou d'entrer dans le monde, certain que, quelque voie que le pieux jeune homme suivît, cette voie lui serait tracée par le doigt du Seigneur.

Puis, ce dernier soin accompli, il alla rendre compte à Dieu d'un siècle tout entier consacré à son service.

Ce fut la seconde grande douleur de Lyderic : si certain qu'il fût que le digne vieillard était à cette heure au rang des élus, tout en glorifiant sa mémoire, il n'en pleurait pas moins sa perte. Pendant toute la journée et toute la nuit il pria près de lui, afin qu'il veillât sur lui du haut du ciel, comme il avait l'habitude de faire sur la terre; et, le jour venu, il le coucha dans la fosse que le vieil ermite s'était creusée lui-même, et sur la fosse il planta un jeune marronnier, afin que la tombe de son père ne fût point perdue comme celle de sa nourrice.

Puis, ces derniers devoirs accomplis, se croyant seul sur la terre, Lyderic s'assit au pied de l'arbre qu'il venait de planter, incertain s'il devait, comme l'ermite, passer sa vie dans ce petit coin du monde, inconnu et priant, ou s'il devait, comme les autres hommes, se mettre à la poursuite de ce fantôme aux pieds légers qu'on appelle la gloire et la fortune.

Comme son esprit flottait irrésolu d'un désir à l'autre, le rossignol vint se reposer sur l'arbre qu'avait planté Lyderic, et se mit à chanter :

« Il y a deux choses sacrées dans le monde entre les choses sacrées, c'est la tombe d'un père et la vieillesse d'une mère. Il est un devoir à accomplir entre tous les devoirs, c'est celui qui prescrit à l'enfant de fermer les yeux qui ont vu s'ouvrir les siens. »

Lyderic comprit le conseil que lui donnait le rossignol, et, ayant coupé un jeune chêne pour s'en faire un bâton de voyage, il se mit en route sans inquiétude, certain qu'il trouverait partout des racines pour apaiser sa faim et une source pour étancher sa soif.

Lyderic marcha trois jours sans trouver la fin de la forêt, puis, vers le matin du quatrième jour, ayant entendu des coups de marteau, il se dirigea vers le bruit. Bientôt un nouveau guide vint à son secours, c'était la fumée qui s'élevait au-dessus des arbres. Lyderic doubla le pas, et au bout d'un instant il se trouva près d'une forge immense dans laquelle s'agitaient, comme dans un enfer, une douzaine de forgerons qui obéissaient aux ordres d'un homme qui paraissait leur chef. Au-dessus de la porte de la forge était une enseigne avec ces mots : Maître Mimer, armurier.

Lyderic s'arrêta un instant derrière un arbre : c'était la première fois qu'il allait se trouver en contact avec les hommes, et il était défiant comme un jeune daim. Pendant qu'il était là, il vit un beau chevalier qui arrivait à cheval, vêtu d'une armure complète, ayant une épée. Parvenu devant la porte de maître Mimer, il descendit de son cheval, en jeta la bride aux mains de son écuyer, et entra dans la forge. Maître Mimer ouvrit alors une armoire, et présenta au chevalier une magnifique épée : celui-ci la lui paya en pièces d'or, puis, s'étant remis en selle, il continua son chemin et disparut.

A la vue de cette épée, l'envie prit à Lyderic d'en avoir une pareille.

III.

Comme Lyderic n'avait pas d'or pour acheter l'épée qu'il convoitait, il résolut de s'en forger une lui-même. Alors, s'approchant de la forge :

— Maître, dit-il en s'adressant à Mimer, je voudrais bien une épée comme celle que tu viens de vendre à ce chevalier ; mais comme je n'ai ni or ni argent pour l'acheter, il faut que tu me permettes de la faire moi-même à ta forge et avec tes marteaux ; j'y travaillerai deux heures par jour ; le reste de mon temps sera à toi, et, en échange de ce temps, tu me donneras une barre de fer : le reste me regarde.

A cette demande étrange et à la vue de cet enfant sans barbe, les compagnons se mirent à rire, et maître Mimer, le regardant par dessus son épaule :

— J'accepte ta proposition, lui dit-il ; mais encore faut-il que je sache si tu as la force de lever un marteau.

Lyderic sourit, entra dans la forge, prit la masse la plus pesante, et, la faisant voltiger d'une seule main autour de sa tête, comme un enfant aurait fait d'un maillet en bois, il en frappa un si rude coup sur l'enclume, que l'enclume s'enfonça d'un demi-pied dans la terre ; et, avant que maître Mimer et ses compagnons fussent revenus de leur surprise, il avait frappé trois autres coups avec la même force et le même résultat, si bien que l'enclume était prête à disparaître.

— Et maintenant, dit Lyderic en reposant sa masse, croyez-vous, maître Mimer, que je suis digne d'être votre apprenti ?

Maître Mimer était stupéfait : il s'approcha de l'enclume, pouvant à peine croire ce qu'il avait vu, et essaya de l'arracher de terre ; mais, voyant qu'il ne pouvait y parvenir, il ordonna à ses compagnons de l'aider : les compagnons aussitôt se mirent à l'œuvre, mais tous leurs efforts furent inutiles ; alors on alla chercher des leviers, des cordes et un cabestan ; mais ni cabestans, ni cordes, ni leviers ne la purent faire bouger d'une ligne. Ce que voyant Lyderic, il prit pitié du mal que se donnaient ces pauvres gens ; et, leur ayant fait signe de s'écarter, il s'approcha de l'enclume à son tour, et l'arracha avec la même facilité qu'un jardinier eût fait d'une rave.

Maître Mimer n'avait garde de refuser un tel compagnon, car il avait mesuré du premier coup de quel secours il lui pouvait être ; en conséquence, il se hâta de dire à Lyderic qu'il acceptait les conditions qu'il lui avait proposées, tant il craignait que celui-ci ne se repentît d'avoir été si facile et ne lui en demandât d'autres. Mais, comme on le pense bien, Lyderic n'avait qu'une parole, et à l'instant même il fut installé chez maître Mimer, avec le titre de treizième compagnon.

Tout alla à merveille : Lyderic choisit la barre de fer qui lui convenait, et, tout en s'acquittant fidèlement des obligations contractées avec maître Mimer, grâce aux deux heures qu'il s'était réservées chaque jour, sans leçons, sans enseignement, rien qu'en imitant ce qu'il voyait faire, il parvint en six semaines à se forger la plus belle et la plus puissante épée qui fût jamais sortie des ateliers de maître Mimer. Elle avait près de six pieds de long, la poignée et la lame étaient faites d'un même morceau ; la lame était si fortement trempée qu'elle tranchait le fer comme une autre eût tranché le bois, et la poignée si délicatement finie, qu'on eût dit non pas l'ouvrage d'un homme mais l'œuvre des génies.

Lyderic l'appela Balmung.

Quand maître Mimer vit cette belle épée, il en fut jaloux ; car il pensa qu'adroit et fort comme était Lyderic,

il pourrait lui faire un grand tort s'il lui prenait envie de s'établir dans le canton. Ce fut bien pis quand Lyderic lui demanda à rester chez lui encore trois autres mois pour se forger le reste de l'armure, convaincu qu'il était que les chevaliers qui verraient ce qui sortait des mains du compagnon ne voudraient plus de ce que faisait le maître. Aussi, tout en faisant semblant d'accepter aux mêmes conditions ce prolongement d'apprentissage, chercha-t-il les moyens de se débarrasser de Lyderic. En ce moment, son premier compagnon, nommé Hagen, qui craignait que le nouveau venu ne prît sa place, s'approcha de Mimer :

— Maître, lui dit-il, je sais à quoi vous pensez : envoyez Lyderic faire du charbon dans la forêt Noire, et il sera immanquablement dévoré par le dragon.

En effet, il y avait alors dans la forêt Noire un dragon monstrueux qui avait déjà dévoré mainte et mainte personne ; si bien que nul n'osait plus passer dans la forêt. Mais Lyderic ignorait cela, n'ayant jamais quitté la grotte du bon anachorète.

Mimer trouva le conseil bon, et dit à Lyderic :

— Lyderic, le charbon commence à nous manquer : il serait bon que tu allasses dans la forêt Noire, et que tu renouvelasses notre provision.

— C'est bien, maître, dit Lyderic, j'irai demain.

Le soir, Hagen s'approcha de Lyderic et lui donna le conseil d'aller faire son charbon à un endroit appelé le Rocher qui pleure, lui disant que c'était là où il trouverait les chênes les plus beaux et les hêtres les plus forts. Hagen lui indiquait cet endroit, parce que c'était celui où se tenait habituellement le dragon. Lyderic, sans défiance, se fit bien expliquer le chemin par Hagen, et résolut d'aller le lendemain faire son charbon à la place qu'on lui avait désignée.

Le lendemain, comme il allait partir, le plus jeune des compagnons monta à sa chambre : c'était un bel enfant à la figure ronde et enjouée, aux longs cheveux blonds et aux beaux yeux bleus, nommé Peters, qui était aussi bon que les autres compagnons étaient méchans. Aussi, comme il était le dernier, avait-il eu beaucoup à souffrir de ses camarades jusqu'au moment où Lyderic était entré dans la forge ; car de ce moment Lyderic s'était constitué son défenseur, et personne, dès lors, n'avait plus osé lui rien dire ni lui faire aucun mal.

Peters venait dire à Lyderic de ne point aller à la forêt parce qu'il y avait un dragon ; mais Lyderic se mit à rire, et, tout en remerciant Peters de sa bonne intention, il ne s'apprêta pas moins à partir pour la forêt, mais toutefois, après avoir pris Balmung, qu'il eût laissée sans doute s'il n'eût été averti. Maître Mimer lui demanda alors pourquoi il prenait son épée : Lyderic lui répondit que c'était pour couper les chênes et les hêtres dont il comptait faire son charbon. Puis, s'étant informé une seconde fois à Hagen du chemin qui conduisait au Rocher qui pleure, il se mit en route joyeusement.

En arrivant au bord de la forêt Noire, Lyderic, qui craignait de se tromper, demanda à un paysan le chemin du Rocher qui pleure. Le paysan, croyant que Lyderic ignorait le danger qu'il y avait à s'approcher de cet endroit, lui dit qu'il se trompait sans doute ; que le rocher servait de caverne à un dragon qui avait déjà dévoré plus de mille personnes. Mais Lyderic répondit qu'il avait du charbon à faire en cet endroit, parce qu'on lui avait dit que c'était celui où il trouverait les chênes les plus beaux et les plus forts ; que, quant au dragon, s'il osait se montrer, il lui couperait la tête avec Balmung.

Le paysan, convaincu que Lyderic était fou, lui indiqua la route qu'il lui demandait, puis se sauva à toutes jambes en faisant le signe de la croix.

Lyderic entra dans le bois, et lorsqu'il eut marché une heure à peu près dans la direction que lui avait indiquée le paysan, il reconnut, à la beauté des chênes et à la force des hêtres, qu'il devait approcher de la retraite du dragon. En outre, la terre était tellement semée d'ossemens humains qu'on ne savait où poser le pied pour ne point marcher dessus. En effet, ayant fait quelques pas encore, il aperçut une énorme pierre, au bas de laquelle était l'ouverture d'une caverne. Comme cette pierre était toute mouillée par une source qui suintait le long de sa paroi, Lyderic reconnut la Roche qui pleure.

Lyderic pensa que le plus pressé était d'exécuter d'abord les ordres de maître Mimer. En conséquence, il se mit à faire choix d'un emplacement pour établir son fourneau; puis, ce choix fait, il frappa si rudement avec Balmung sur les arbres qui l'entouraient, qu'en moins d'un quart d'heure il eut construit un énorme bûcher. Le bûcher construit, Lyderic y mit le feu.

Cependant, aux premiers coups qui avaient retenti dans la forêt, le dragon s'était éveillé et avait allongé la tête jusqu'à l'entrée de sa caverne. Lyderic avait vu cette tête qui le regardait avec des yeux flamboyans; mais il avait pensé qu'il serait temps de s'interrompre de son ouvrage quand le dragon viendrait à lui. Cependant, soit que le monstre fût repu, soit qu'il vît à qui il avait affaire, il se tint tranquille tout le temps que Lyderic fut occupé à bâtir son fourneau; mais lorsqu'il vit briller la flamme, il se mit à siffler avec tant de violence que tout autre que le jeune homme en eût été épouvanté. C'était déjà quelque chose, mais ce n'était point assez pour Lyderic, qui, afin de l'exciter davantage, prit des tisons ardens au bûcher et commença de les jeter à la tête du dragon.

Le monstre, provoqué d'une façon aussi directe, sortit de la caverne, déroula ses longs anneaux, et s'avança en battant des ailes vers Lyderic, qui, après avoir fait une courte prière, lui épargna la moitié du chemin. Aussitôt commença un combat terrible, pendant lequel le dragon poussait de si horribles hurlemens, que les animaux qui étaient à deux lieues à la ronde sortirent de leurs tanières et s'enfuirent: il n'y eut qu'un rossignol qui resta tout le temps de la lutte perché sur une petite branche au-dessus de la tête de Lyderic, ne cessant d'encourager le jeune homme par son chant. Enfin le dragon, percé déjà par plusieurs coups de la terrible Balmung, commença de battre en retraite vers son repaire, laissant le champ de bataille tout couvert d'une mare de sang. Mais Lyderic prit un tison allumé à son fourneau, le poursuivit dans sa caverne, où il s'enfonça après lui, et, au bout de dix minutes, reparut à l'entrée, tenant, comme le chevalier Persée, la tête du monstre à la main.

Alors, en le voyant venir ainsi victorieux, le rossignol se mit à chanter:

« Gloire à Lyderic, au pieux jeune homme qui a mis sa confiance en Dieu au lieu de la mettre en sa force. Qu'il dépouille ses vêtemens, qu'il se baigne dans le sang du monstre, et il deviendra invulnérable. »

Lyderic n'eut garde de négliger l'avis que lui donnait le rossignol; il jeta aussitôt le peu de vêtemens qu'il avait, s'approcha de la mare de sang qu'avait répandue le dragon; mais dans le trajet une feuille de tilleul étant tombée sur son dos, elle s'y attacha, car, après un si rude combat, la peau du jeune homme était tout humide de sueur.

Lyderic se roula dans le sang du monstre, et à l'instant même tout son corps se couvrit d'écailles, à l'exception de l'endroit où était tombée la feuille de tilleul.

Le soir même, comme son charbon était fait, Lyderic en chargea un grand sac sur son dos, et, prenant à la main la tête du dragon, il s'achemina vers la forge de maître Mimer, où il arriva le lendemain matin.

L'étonnement fut grand à la forge: personne ne comptait plus voir Lyderic. Néanmoins, avec quelque sentiment qu'on le vît revenir, chacun lui fit bonne mine, et surtout Hagen, qui pour rien au monde n'aurait voulu que le jeune homme se doutât du mauvais tour qu'il avait voulu lui jouer. Mais le maître et lui, de plus en plus envieux contre Lyderic, rêvèrent aussitôt à quels nouveaux dangers ils pourraient l'exposer,

IV.

Lyderic ne leur en donna pas le loisir, car le même jour il signifia à maître Mimer que lui ayant, moins deux heures par jour, donné les semaines de son temps en échange de sa barre de fer, ils étaient quittes; en conséquence, il emportait Balmung et allait courir le monde pour y chercher des aventures, comme faisaient les chevaliers qui venaient tous les jours acheter des armes à la forge. Mimer fit alors observer au jeune homme que ce n'était point assez d'une épée pour se mettre en route dans une telle intention, et qu'il lui fallait encore une cuirasse; mais Lyderic lui répondit qu'une cuirasse lui était parfaitement inutile, attendu qu'après avoir tué le dragon il s'était baigné dans son sang, ce qui le rendait invulnérable, à l'exception d'une seule place où était tombée une feuille de tilleul.

Maître Mimer et Hagen auraient bien voulu savoir quelle était cette place, mais ils n'osèrent pas le demander à Lyderic, de peur de lui inspirer des soupçons; ils prirent donc congé de lui avec les expressions de la plus cordiale amitié, et ayant, comme des Judas, le baiser sur les lèvres mais la trahison dans le cœur.

Lyderic chercha partout Peters pour lui dire adieu, mais il ne put pas le trouver.

A cent pas de la forge, il rencontra l'enfant qui l'attendait derrière un arbre.

— Frère, lui dit l'enfant qui croyait Lyderic son égal, mes compagnons de la forge me haïssent parce que je t'aimais; je n'ose plus retourner auprès d'eux. Tu es fort et je suis faible, veux-tu que je t'accompagne? tu me défendras et je te servirai.

— Viens, dit Lyderic.

Et l'enfant et le jeune homme se mirent gaîment en voyage.

Ils marchèrent ainsi quinze jours, droit devant eux, sans savoir où ils étaient, mangeant des racines, buvant de l'eau, dormant au pied des arbres des forêts ou des bornes de la route, et confians en Dieu, aux mains duquel ils avaient remis leur destinée.

Vers le soir du quinzième jour, ils arrivèrent dans un bois très épais et très magnifique, où ils entendirent les aboiemens d'une meute et les cors des chasseurs. Lyderic se dirigea vers le bruit, car il était amoureux de tout amusement qui lui rappelait la guerre, et il arriva ainsi à un carrefour, où il vit un sanglier monstrueux, qui était acculé dans un bouge et qui tenait tête aux chiens. En même temps, un cavalier richement vêtu, et qui était si bien monté qu'il précédait tous les autres chasseurs de plus de deux traits de flèche, accourut par une des allées, un épieu à la main, et, sans attendre sa suite, s'élança vers le sanglier qu'il frappa courageusement de son arme; mais aussitôt le sanglier, furieux de sa blessure, abandonna les chiens auxquels il faisait tête, et piquant droit à son antagoniste, il passa entre les jambes du cheval, dont il ouvrit le ventre d'un coup de boutoir, et cela de telle façon que ses entrailles en sortirent et tombèrent jusqu'à terre. Le cheval, se sentant si cruellement blessé, se cabra de douleur et se renversa sur son maître.

Aussitôt le sanglier, la soie hérissée et faisant claquer ses boutoirs, revint sur celui qui l'avait blessé; mais Lyderic, d'un seul bond, s'élança entre l'animal et le cavalier renversé, et d'un seul coup de Balmung perça le sanglier de part en part. Puis aussitôt, courant à celui auquel il venait de sauver la vie, il le tira de dessous son cheval. Pendant ce temps, Peters coupait la hure du sanglier et la présentait à Lyderic, qui la déposa aux pieds du chasseur, comme étant celui à qui elle devait appartenir de droit.

En ce moment tout le reste de la chasse arriva, et chacun, sautant à bas de cheval, s'empressa de demander au noble chasseur s'il n'était point blessé; mais celui-ci, pour toute réponse, présenta Lyderic aux seigneurs qui l'entouraient, en leur disant : « Que ceux qui sont aises de me voir sain et sauf remercient ce jeune homme, car c'est à lui que je dois la vie. » Aussitôt tous les chasseurs entourèrent Lyderic, en lui faisant force complimens, que Lyderic leur laissa faire en les regardant, tout étonné d'être ainsi félicité pour une action qui lui avait paru à lui si simple et si naturelle. Enfin les félicitations allèrent si loin, que Lyderic, croyant ces gens fous, demanda dans quel pays il était et quel était l'homme auquel il venait de sauver la vie.

Les courtisans lui répondirent qu'il était dans la forêt de Braisne, et que celui auquel il venait de sauver la vie était le roi Dagobert.

Lyderic, qui connaissait par renommée la sagesse et le courage de ce prince, dont le nom, en langue teutonique, voulait dire *brillante épée*, s'avança alors modestement vers lui, et, mettant un genou en terre, il lui fit un compliment si bien tourné, que Dagobert, voyant qu'il avait affaire à un jeune homme d'une condition plus distinguée que ne l'indiquaient ses vêtemens, le releva aussitôt en lui demandant à son tour d'où il venait et qui il était.

— Hélas ! sire, dit Lyderic, je ne puis répondre qu'à la dernière de ces deux questions. Je viens du bois Sans-Merci, qui est situé dans les environs du château du prince de Buck, sans m'être arrêté autrement que six semaines à la forge de maître Mimer pour me forger cette épée. Quant à ce qui est de ce que je suis, je ne me connais pas moi-même, ayant été trouvé sous un buisson, près de la fontaine de Saulx, par un digne et bon ermite qui m'a élevé, et dont, vivant, je n'eusse jamais quitté la personne, ni mort, la tombe, si un rossignol ne m'avait dit que le premier devoir d'un enfant est de chercher à connaître sa mère. Alors je me suis mis en route, m'en rapportant à Dieu du choix du chemin. Dieu a choisi le bon, puisqu'il m'a conduit ici assez à temps pour sauver la vie au plus grand roi de la chrétienté.

— Oui, tu as raison, mon enfant, et c'est Dieu lui-même qui t'a conduit ici, reprit Dagobert; car peut-être pourrai-je t'apprendre ce que tu ignores. Éloi, continua le roi en se tournant vers le digne évêque de Noyon, qui était tout à la fois son orfèvre, son trésorier et son ministre, qu'avez-vous fait de la lettre que nous avons reçue ce matin même de notre vassale la noble princesse de Dijon, dame Ermengarde de Salwart, dont nous avions mis la principauté en tutelle, la croyant morte, et qui n'était que prisonnière du prince de Buck?

— La voici, sire, dit Éloi.

C'était une lettre que la princesse de Dijon avait enfin réussi à faire parvenir au roi par un des hommes d'armes du prince de Bruck, qu'elle avait séduit en lui donnant une bague qui valait bien six mille livres tournois.

Le roi prit la lettre et la lut.

C'était mot pour mot le récit de la manière dont son mari et elle avaient été attaqués dans la forêt Sans-Merci par le prince de Buck et ses gens; puis elle racontait la façon dont elle s'était laissée glisser de cheval avec son enfant, qui était un garçon, dans un buisson, près d'une fontaine ombragée par des saules; puis enfin comment, dans l'espérance que Dieu veillerait sur lui, elle l'avait laissé là pour rejoindre son mari blessé, lequel était mort dans la nuit suivante. Depuis ce temps, elle était prisonnière du prince de Buck et n'avait jamais voulu consentir à aucune rançon, regardant la principauté de Dijon comme l'apanage de son enfant.

En conséquence, elle suppliait le roi Dagobert, non pas de la venir délivrer, car elle ne voulait pas entraîner son suzerain dans une guerre avec un vassal si puissant que le prince de Buck, mais de faire chercher son fils, qui devait avoir dix-huit ans, et de lui rendre la principauté de Dijon, qui était l'héritage de son père.

Elle espérait qu'on reconnaîtrait cet enfant à un chapelet qu'elle lui avait roulé autour du cou, lequel chapelet soutenait une médaille à l'effigie de la Vierge.

Pendant tout le temps qu'avait duré la lecture, Lyderic avait écouté, les mains jointes et les larmes aux yeux; mais lorsque le dernier paragraphe fut fini, il poussa un grand cri de joie, et, ouvrant son habit, il montra au roi la médaille et le chapelet.

Le roi Dagobert avait d'abord voulu faire du meurtre de Salwart et de l'emprisonnement d'Ermengarde par le prince de Buck une affaire de suzerain à vassal; mais Lyderic, se jetant à ses genoux, avait réclamé, comme un droit à lui appartenant, la vengeance de son père et de sa mère, et cela avec tant d'instance, qu'il avait été forcé de lui accorder sa demande, et qu'il avait autorisé Lyderic à défier Phinard, promettant de plus au jeune homme que si Phinard acceptait le défi, il l'armerait lui-même chevalier et se déclarait d'avance son parrain.

En conséquence, Dagobert ordonna que le héraut de France se tînt prêt pour aller défier le prince de Buck; mais cette fois encore Lyderic lui fit observer que, puisque c'était une affaire particulière, c'était un héraut particulier qui devait porter ses lettres de défiance. Dagobert se rendit à ces raisons, et laissa Lyderic libre de choisir son héraut, se chargeant seulement de lui donner une suite digne d'un prince. Lyderic choisit Peters, car, quoique l'enfant eût à peine quatorze ans, il connaissait tellement la grande amitié qu'il lui portait, qu'il se fiait plus à lui qu'à qui que ce fût au monde.

Peters partit accompagné de six écuyers et de vingt hommes d'armes, et, traversant toute la Picardie, il entra en Flandre et vint jusqu'au château de Phinard, qui s'élevait à l'endroit même où est situé aujourd'hui le pont de Phin, dans la ville de Lille, qui, à cette époque, n'existait pas encore. Arrivé à la porte, il s'arrêta avec sa troupe et sonna du cor. Alors la sentinelle sortit de l'échauguette et lui demanda ce qu'il voulait. Peters répondit au soldat qu'il n'avait pas affaire au valet, mais au maître, et qu'il eût à aller chercher son maître. Si hautaine que fût cette réponse, comme il était facile de juger, d'après la suite de celui qui lui avait faite, qu'il avait le droit de parler ainsi, le soldat alla prévenir le prince de Buck.

Celui-ci, qui était en train de déjeuner, se retourna de fort mauvaise humeur en voyant entrer ce message, car il n'aimait pas à être dérangé pendant ses repas, si bien qu'il y avait des peines très fortes contre ceux qui se permettaient de contrevenir à ses ordres. En conséquence, il avait déjà donné l'ordre de saisir le soldat et de le battre de verges, lorsque celui-ci lui fit observer très humblement qu'il n'avait pris la liberté d'entrer que parce que celui qui l'envoyait était suivi d'écuyers à la livrée du roi de France; et comme il était facile à voir aux fleurs de lis sans nombre qui parsemaient leur manteau. A ces mots, le prince de Buck se leva vivement, et comme le roi de France était son seigneur suzerain, et qu'il connaissait sa sagesse et son courage, il n'eût voulu, pour rien au monde, se brouiller avec lui. Il se rendit donc sur le rempart pour s'assurer si le soldat lui avait bien dit la vérité, et s'il n'avait pas été trompé par quelque fausse apparence; mais au premier coup d'œil qu'il jeta sur la troupe qui était arrêtée devant la porte du château, il vit bien, comme le soldat, que ceux qui étaient là venaient de la part du roi Dagobert. En conséquence, il donna aussitôt l'ordre de baisser le pont-levis, afin de recevoir, avec tous les honneurs qui lui étaient dûs, celui qui venait au nom de son suzerain; mais Peters, ayant entendu cet ordre, étendit la main en signe qu'il voulait parler. Chacun écouta.

— Prince de Buck, dit Peters, il est inutile que tu fasses lever la herse et baisser le pont-levis; car je n'entrerai pas dans ton château, car ton château est celui d'un traître et d'un meurtrier. Écoute donc d'ici, et à la face de tous, ce que j'ai à te dire :

« Je viens, au nom de ton seigneur suzerain, le très

grand, très bon et très noble roi Dagobert, te dire qu'il te somme d'avoir à répondre, d'ici en un mois, devant les pairs du royaume assemblés, aux charges et accusations que porte contre toi mon maître, le très haut et très puissant seigneur Lyderic, prince de Dijon, fils du très noble prince Salwart et de très vertueuse dame Ermengarde. Premièrement, touchant le meurtre de son père traîtreusement assassiné par toi dans le bois Sans-Merci, et secondement, touchant la détention injuste et cruelle que, depuis dix-huit ans, tu fais subir à sa mère. Si mieux tu n'aimes, toutefois, accepter l'offre que, sous la protection du roi, te porte le seigneur Lyderic, mon maître, du combat à outrance, à pied ou à cheval, avec la lance, l'épée ou le poignard.

« Et en signe de défi, voici le gant que mon maître me charge de clouer à la porte de ton château. »

Et ce disant, il s'avança jusqu'à la porte sur son cheval, et faisant ce qu'il avait dit, il y cloua le gant avec son poignard.

Si insolent que fût ce défi, le prince de Buck, qui savait dans l'occasion être patient comme un anachorète, écouta d'un bout à l'autre avec un calme apparent; puis, quand Peters eut fini :

— C'est bien, lui dit-il; retournez vers le roi mon seigneur et maître, et l'assurez de ma part que je n'ai commis ni félonie ni trahison; le prince de Salwart est tombé dans un combat et non dans un guet-apens. Au reste, j'accepte le défi de celui qui m'accuse, et l'issue du combat prouvera, je l'espère, de quel côté est le bon droit et la vérité. Quant à la princesse Ermengarde, dont celui qui vous envoie réclame la liberté, dites-lui que je lui offre de vider notre différend ici même, afin que, s'il a le dessus, comme il s'en vante follement, il n'ait pas la peine de se transporter trop loin pour la délivrer. Et maintenant, si vous voulez entrer dans ce château, vous y serez reçu et traité comme a le droit de l'être, chez un vassal, l'envoyé de son souverain.

Mais au lieu d'accepter cette offre, Peters secoua la tête, et ayant sonné une seconde fois du cor en manière de congé, il repartit au galop avec toute sa suite, et vint rapporter au roi Dagobert et au prince Lyderic la réponse de Phinard.

Rien ne pouvait être plus agréable au jeune homme que cette réponse que Phinard avait faite, non pas que ce dernier comptât sur son bon droit, mais se fiant sur sa force. Il demanda donc à Dagobert d'activer autant que possible les préparatifs de son voyage, ayant hâte de délivrer sa mère.

Pendant ce temps, le prince de Buck, qui avait ignoré jusque-là qu'il y eût un héritier du nom de Salwart, fit descendre Ermengarde et lui demanda ce que c'était qu'un certain Lyderic qui se faisait passer pour son fils, et qui, sous la protection du roi de France, était venu le provoquer au combat. Alors Ermengarde, pour toute réponse, tomba à genoux, remerciant Dieu avec une telle expression de reconnaissance, que Phinard n'eut plus de doute que le héraut n'eût dit la vérité. Alors il demanda à la princesse comment il se faisait qu'elle ne lui avait jamais parlé de ce fils, et Ermengarde répondit que c'est qu'elle avait craint qu'il ne s'en emparât et ne le fit mourir; mais que, puisqu'à cette heure il était sous la protection d'un aussi grand roi que le roi des Francs, et par conséquent n'avait plus rien à craindre, elle pouvait tout lui dire. En effet, elle lui raconta comment les choses s'étaient passées. Phinard demanda alors quel âge avait ce fils! Ermengarde répondit qu'il pouvait avoir dix-huit ou dix-neuf ans; et Phinard se mit à rire, car il lui semblait étrange qu'un enfant de cet âge vînt s'attaquer à lui, qui était dans toute la force de la virilité, et si expert dans les armes, qu'à cent lieues à la ronde nul homme peut-être n'eût osé se mesurer contre lui. Il attendit donc avec une tranquillité parfaite l'arrivée de son adversaire, convaincu qu'il en aurait bon marché.

Il était dans cette persuasion, lorsqu'un matin la sentinelle vint lui dire qu'on apercevait une grosse troupe de cavaliers qui s'avançait vers le château de Buck. Phinard monta aussitôt sur une tour, et ayant bientôt reconnu que c'était le roi de France et sa cour, il fit ouvrir les portes et s'avança au-devant de lui avec toute sa garnison, mais tête nue et sans armes, comme il convenait à un vassal devant son maître.

A la droite du roi était Lyderic, monté sur un magnifique cheval que lui avait donné le roi, et dont les housses de velours, frangées d'or traînaient jusqu'à terre. A gauche était le digne évêque de Noyon, dont Dagobert ne pouvait se passer un seul instant, en ce qu'il le consultait sur toute chose.

Phinard, après avoir jeté sur Lyderic un regard rapide mais scrutateur, qui le rassura encore, vu son extrême jeunesse, invita toute la chevauchée à entrer au château. Mais Dagobert répondit qu'une accusation d'assassinat et de forfaiture pesant sur lui, il ne pouvait entrer dans son château tant qu'il n'en serait pas lavé.

Alors Phinard répéta ce qu'il avait déjà dit : « Que la mort de Salwart était la suite d'un combat et non d'un guet-apens, et qu'Ermengarde n'était restée prisonnière qu'à la suite de démêlés d'intérêts, ne voulant pas lui rendre, à lui Phinard, certaines portions de la principauté de Dijon sur lesquelles il prétendait avoir des droits. » Mais Lyderic ne put supporter plus longtemps qu'un mensonge si évident fût proféré devant lui.

— Sire, dit-il en s'adressant au roi, cet homme ment par la gorge; d'ailleurs je ne suis pas venu, avec la permission de Votre Majesté, pour écouter ses raisons, mais pour mesurer mon épée avec la sienne; que Votre Majesté veuille donc bien ordonner que les préparatifs du combat soient faits à l'instant même, car depuis dix-huit ans ma mère est prisonnière et attend l'heure à laquelle elle reverra son maître.

— Vous entendez? dit le roi en se tournant vers le prince de Buck.

— Oui, sire, répondit Phinard, et je n'ai pas moins hâte d'en venir aux mains que celui qui m'accuse, et la fin du combat, je l'espère, me sera plus agréable encore que le commencement.

— Que l'on prépare donc à l'instant la lice, dit le roi, et que chaque champion songe à mettre sa conscience en repos, car le jugement de Dieu aura lieu demain matin, et malheur à celui que le Seigneur appellera pour l'interroger sans qu'il soit préparé à lui répondre !

Phinard s'inclina et rentra dans son château. Le roi Dagobert fit poser ses tentes à l'endroit même où il était; et l'espace qui se trouvait compris entre le camp royal et la forteresse princière fut désigné pour la lice.

V.

Lyderic passa la fin de la journée en prières; puis, vers le point du jour, il se confessa au saint évêque de Noyon, qui lui donna l'absolution de ses péchés.

Quant au prince de Buck, il agit d'une bien autre façon : car complètement rassuré par la vue du jeune homme contre lequel il allait combattre, il n'avait conservé aucune crainte, et si mauvaise que fût sa cause, il comptait bien que son bras ne lui ferait pas défaut dans une pareille occasion. Au lieu de passer la nuit en prières et en dévotions, comme il aurait dû le faire, il commanda donc un grand souper, afin de faire fête à tous ses officiers, et, en manière de bravade, il invita la princesse Ermengarde à en venir prendre sa part, en lui disant qu'il lui avait réservé une place à sa table en face de lui.

La princesse Ermengarde fit répondre à Phinard que la seule table dont elle dût s'approcher en un pareil moment était celle du Seigneur. En effet, le messager rapporta à Phinard qu'il avait trouvé Ermengarde agenouillée dans la chapelle.

Phinard se mit joyeusement à table avec ses officiers, en laissant la place de la comtesse vide, afin que, si elle changeait d'avis, elle pût la venir prendre : puis il s'assit en face de cette place, et donna le signal en se versant à boire et en passant à ses convives une cruche pleine de vin.

Le souper se prolongea fort avant dans la nuit, au milieu des chants de joie, des blasphèmes et des éclats de rire ; tandis que la cloche sonnait tristement les heures que le temps emportait et que Phinard aurait dû employer d'une toute autre façon.

Au premier coup de minuit, les lampes pâlirent, et l'on entendit comme un pas lourd qui s'approchait lentement par la salle d'armes, à l'autre extrémité de laquelle était la chapelle ; chacun se retourna en silence du côté par où venait le bruit ; et comme la cloche frappait pour la douzième fois, la porte s'ouvrit et un chevalier parut.

Mais ce qui fit frissonner tout le monde jusqu'au fond du cœur, c'est que ce chevalier était de marbre, et que chacun reconnut en lui la statue du prince de Buck, qui depuis trente ans était restée immobile et couchée sur son tombeau.

A cet aspect tout le monde se leva, et Phinard comme les autres ; seulement peut-être était-il encore plus pâle que les autres, car il savait que c'était une habitude dans sa famille que les pères vinssent prévenir ainsi les fils la veille de leur mort.

La statue s'avança d'un pas lent et raide, la visière de son casque levée et ses yeux de marbre fixés sur Phinard ; puis elle vint s'asseoir à la place vide en face de lui.

Alors Phinard ordonna à l'échanson de remplir la coupe de son père, et à l'écuyer tranchant de lui couvrir son assiette. Mais ni l'un ni l'autre n'osèrent s'approcher du convive de pierre. Phinard se leva, remplit la coupe de son père du meilleur vin qui eût été servi à souper, et couvrit son assiette d'une tranche de viande coupée au meilleur morceau. La statue le regardait faire, tournant la tête sur son cou raide sans que le reste du corps bougeât de place. Mais elle ne décroisa pas les mains de dessus sa poitrine, et ne but ni ne mangea ; seulement, lorsque Phinard se fut rassis à sa place, il lui sembla que deux grosses larmes coulaient des paupières de marbre de la statue : c'est que Phinard était le dernier de sa race, et que la statue, toute de marbre qu'elle était, pleurait de voir finir cette race d'une façon si fatale et si ignominieuse.

Les deux larmes roulèrent des joues sur les moustaches du vieux prince, puis des moustaches tombèrent sur la table. Alors les yeux de la statue redevinrent secs, et elle se leva en faisant de la tête signe à Phinard de la suivre.

Phinard prit, dans une des mains de fer scellées au mur, une branche de sapin allumée, et suivit la statue ; quant aux autres convives, ils restèrent immobiles à leurs places, comme ils eux-mêmes étaient devenus de pierre.

La statue, toujours suivie du prince, s'engagea dans la salle d'armes ; mais au lieu de la traverser entièrement comme elle aurait dû le faire pour venir de la chapelle, elle prit une porte latérale et sortit dans le préau ; arrivée là, elle retourna la tête pour voir si Phinard la suivait toujours, et comme elle vit qu'il marchait derrière elle, elle continua son chemin, traversa le préau, entra dans une cour isolée où l'on jetait toutes sortes de débris, et s'arrêta près d'une tombe fraîchement creusée.

Phinard était passé pendant la soirée dans cette cour, et l'avait trouvée dans son état habituel ; la fosse avait donc été creusée pendant qu'il soupait. Phinard regarda autour de lui et ne vit personne, si ce n'est la statue qui se remit en route, marchant toujours de son pas grave et inanimé.

Cette fois la statue se dirigeait vers la chapelle souterraine où était sa propre tombe, toujours suivie de Phinard, qui marchait derrière elle comme entraîné par une puissance surhumaine. Devant le fantôme de pierre la porte s'ouvrit toute seule, et Phinard, en plongeant son regard

sous la voûte, vit que la statue qu'il suivait manquait au tombeau. Seulement le lion de marbre qui était couché à ses pieds, en signe que le noble prince dont il gardait le corps était mort sur un champ de bataille, s'était levé sur ses pattes de devant, et, la tête tournée vers la porte, semblait attendre le retour de son maître. Alors la statue marcha droit au tombeau, s'étendit à la même place où elle dormait depuis trente ans ; le lion se recoucha à ses pieds, et tout rentra dans le silence et dans l'immobilité de la mort.

Phinard était un cœur de fer que le démon avait détourné de la voie où avaient marché ses ancêtres, mais qui, pour être devenu criminel, n'en était pas moins ferme et moins puissant. Il voulut donc s'assurer qu'il n'était pas le jouet de quelque vision, et s'approcha du tombeau : la pierre s'était déjà reprise à la pierre, comme si elle n'en avait jamais été séparée. Il tourna la tête alors du côté de la tombe de sa mère, placée en face de celle de son mari, et dont la statue était ordinairement couchée comme la sienne, excepté qu'au lieu d'avoir un lion à ses pieds, en signe de courage, elle avait un chien, en signe de fidélité. La statue maternelle avait miraculeusement changé de position : elle était à genoux et priait.

Dès lors Phinard n'eut plus de doute que tout ceci ne fût un avertissement de Dieu : le fantôme de pierre était venu lui annoncer, comme c'était l'habitude, que son dernier jour était proche. La tombe qu'il lui avait montrée, creusée dans une terre profane, était la tombe infâme où il devait dormir jusqu'au jour du jugement dernier ; et sa mère, qu'il avait trouvée priant sur son tombeau, priait le Seigneur qu'à défaut du corps il sauvât au moins, dans sa miséricorde, l'âme de son fils.

Toutes ces choses apparurent aussi clairement à Phinard que s'il les voyait écrites en lettres de feu. Il retourna donc tout pensif dans la salle du festin ; la salle était vide, car chacun s'était promptement retiré de son côté. Phinard appela ses gens ; mais ce ne fut qu'au troisième appel qu'un vieux serviteur, qui savait par expérience combien il était dangereux de faire attendre son maître, se présenta tout tremblant.

— Mon vieux Niklaus, dit le prince de Buck d'une voix douce, va me chercher le chapelain.

Le vieux serviteur regarda Phinard avec toutes les marques du plus profond étonnement. Celui-ci renouvela sa demande.

— Mais, monseigneur, répondit Nicklaus, vous savez bien que voilà tantôt quinze ans que le chapelain est mort, et que depuis ce temps vous n'avez jamais songé à le remplacer.

— C'est vrai, répondit Phinard en soupirant, je l'avais oublié. Alors, va jusqu'au camp du roi des Francs, mon seigneur et maître, et supplie l'évêque de Noyon de venir entendre la confession d'un pauvre pécheur.

Le vieux serviteur obéit sans répliquer, et l'évêque le suivit sans même lui demander quel était l'homme qui réclamait son ministère.

Le lendemain, au point du jour, la lice étant prête, le roi Dagobert, accompagné de toute sa chevalerie, monta sur l'estrade qui lui avait été préparée. Quant à Lyderic, il était dans son pavillon, où le roi lui avait envoyé une magnifique armure forgée et bénie pour lui-même par l'évêque de Noyon ; mais après en avoir essayé les différentes pièces, il s'était trouvé gêné dans toute cette ferraille, et, comme elle lui était inutile puisqu'il était invulnérable, à l'exception de l'endroit où était tombée la feuille de tilleul, il l'avait renvoyée au roi, en lui faisant dire que sa coutume n'était point de combattre ainsi appareillé.

Six heures sonnèrent ; c'était l'heure fixée pour le combat, et l'on était fort étonné de n'avoir pas encore vu paraître le prince de Buck, qui devait occuper le pavillon opposé à celui de Lyderic ; mais le roi, ayant pensé qu'il se tenait tout armé derrière ses murailles, commanda que le signal fût donné comme s'il eût été présent, et la trompotte retentit quatre fois, portant aux quatre coins de l'horizon le défi de Lyderic.

Le roi ne s'était point trompé ; le dernier appel guerrier venait d'expirer à peine lorsque la porte du château s'ouvrit et que Phinard parut, non point comme on s'y attendait monté sur son cheval de guerre et portant sa lance de bataille, mais à pied, le corps vêtu d'un sac, les cheveux couverts de cendres, pieds nus et la corde au cou ; derrière lui marchaient, montés sur deux magnifiques chevaux, la princesse de Dijon, portant son manteau et sa couronne, et le digne évêque de Noyon revêtu de ses habits épiscopaux ; puis enfin, derrière la princesse et l'évêque, toute la garnison couverte de ses armes défensives, mais sans casque et sans épée.

L'étrange cortège entra ainsi dans la lice, et Phinard, montant les degrés de l'estrade, vint s'agenouiller devant le roi. Alors chacun fit silence pour entendre ce qu'il allait dire.

— Sire, dit Phinard, vous voyez à vos genoux un grand pêcheur que la grâce a touché, et qui a mérité la mort, mais qui supplie Votre Majesté de lui accorder la vie pour qu'il puisse pleurer ses fautes et en obtenir le pardon de Dieu. Tout ce qu'a dit contre moi le seigneur Lyderic est vrai ; mais je le prie de me pardonner, comme m'a déjà pardonné sa noble mère, et de recevoir de moi, à titre d'expiation et de dédommagement du tort que je lui ai causé, ma principauté de Buck et mon comté d'Harlebecque, convaincu que je suis que je ne pouvais en faire don à un plus noble et à un plus brave que lui.

— Prince, répondit le roi, si ceux que vous avez tenus en oppression et en captivité vous ont pardonné, je n'ai pas le droit d'être plus sévère qu'eux : je vous fais donc grâce de la vie ; quant à votre âme, je n'ai aucun pouvoir sur elle, et c'est une affaire entre vous et Dieu. Prince de Dijon, ajouta le roi en se retournant du côté de Lyderic, avez-vous entendu, et pardonnez-vous à Phinard comme je lui pardonne ?

Mais Lyderic était déjà dans les bras de sa mère. Ermengarde, en voyant paraître ce beau jeune homme à la porte de son pavillon, l'avait instinctivement reconnu pour son enfant ; et tous deux s'approchant du roi :

— Oui, sire, dit Ermengarde, et non-seulement nous lui pardonnons, tant notre cœur est joyeux, mais encore nous supplions Votre Majesté de lui laisser son titre et ses biens, au moins pendant sa vie durant. Notre principauté de Dijon est assez noble et assez puissante pour donner dans l'occasion à notre bien-aimé fils le pouvoir de servir efficacement Votre Majesté.

Mais Phinard n'attendit pas même que le roi manifestât son intention sur ce point ; et, déposant aux pieds du roi les clefs de son château, il lui dit qu'il en faisait, ainsi que du reste de ses terres, l'abandon à l'instant même, et qu'il ne s'y réservait, avec la permission du nouveau maître, que les six pieds de terre où était creusée la fosse miraculeuse à laquelle il devait sa conversion. Puis, ces mots dits avec une telle fermeté que chacun vit bien que sa résolution était prise, il salua le roi et s'enfonça dans la forêt, où on le vit disparaître.

Le même jour, le roi reçut, dans le château même de Buck, le serment et l'hommage de Lyderic pour la principauté de Dijon, la principauté de Buck et le comté d'Harlebecque, et voulant ajouter un nouveau titre à ceux qu'il avait déjà, il le nomma premier forestier de Flandre.

Puis, quand le roi eut été bien fêté avec toute sa cour au château de Buck, il reprit la route de Soissons, sa capitale.

VI.

Le premier soin de Lyderic fut de faire avec sa mère un voyage par tous ses domaines anciens et nouveaux, afin d'y établir des délégués qui, en son absence, pussent rendre la justice comme s'il eût été toujours là. Pendant trois mois que dura le voyage, ce ne furent que fêtes ; car Ermengarde était fort aimée de ses sujets, et pendant son absence les mères avaient parlé d'elle à leurs filles, et les pères à leurs fils ; et il ne s'était point passé de dimanche que l'on n'eût prié dans chaque église pour son retour. La joie était donc grande de voir ces longues prières exaucées au moment où on y comptait le moins ;

De retour au château de Buck, Ermengarde demanda à son fils si, pendant toute la tournée qu'ils venaient de faire, il n'avait pas vu quelque noble jeune fille qu'il jugeât digne de son amour. Mais Lyderic répondit que non, et que jusqu'alors, ni dans ses voyages, ni dans la cour du roi Dagobert, ni dans ses propres domaines, il n'avait vu encore femme qu'il se sentît disposé à aimer. Cette réponse fit grande peine à la bonne dame, car elle commençait à se faire vieille, et avant de mourir elle aurait bien voulu embrasser ses petits-enfans.

Le soir, Lyderic descendit au jardin, et il y resta plus tard qu'à l'ordinaire, car la demande de sa mère l'avait rendu tout pensif. Il était donc assis sur un banc, le front appuyé entre ses mains, lorsqu'un rossignol vint se percher sur sa tête et se mit à chanter :

« Il y a dans un pays lointain une jeune fille plus blanche que la neige, plus fraîche que l'aurore, et plus pure que l'eau du lac Sandhy au fond duquel on voit se former les perles ; elle n'a jamais aimé encore, car elle ne doit aimer que celui qui aura conquis le grand trésor des Niebelungen et le casque qui rend invisible. Cette jeune fille, plus blanche que la neige, plus fraîche que l'aurore, et plus pure que l'eau du lac Sandhy au fond duquel on voit les perles se former, est la belle Crimhilde, la sœur de Gunther, roi des Higlands. »

Le lendemain Lyderic dit à sa mère que la seule femme qu'il épouserait jamais serait la belle Crimhilde, sœur de Gunther, roi des Higlands. Ermengarde demanda quelle était cette belle Crimhilde et où était situé le royaume des Higlands. Lyderic répondit qu'il n'en savait rien, mais que le soir même il se mettrait à la recherche de l'un et de l'autre.

En effet, le soir même, Lyderic, ayant laissé le gouvernement de ses États à sa mère, ceignit son épée Balmung, monta sur le cheval que lui avait donné le roi Dagobert, et, suivi de Peters, son écuyer, se mit à la recherche de la belle Crimhilde.

Lyderic fit plusieurs centaines de lieues, marchant par monts et vaux, mais sûr de ne pas se tromper, car le rossignol voletait devant lui, s'arrêtant le soir sur l'arbre sous lequel il était couché, et se posant sur le mât de sa barque ou de son navire lorsqu'il traversait des fleuves ou des bras de mer. Enfin il arriva un soir dans un pays qui lui parut magnifique, et, comme d'habitude, il se coucha avec Peters sous un arbre ; le rossignol se percha dessus, et les chevaux se mirent à paître à l'entour.

Le lendemain, au point du jour, il se fit un tel bruit qu'il se réveilla. Il voulut regarder ce qui le causait ; mais lorsqu'il essaya de se lever, la chose lui était impossible : il était attaché à la terre, non seulement par le corps, mais encore par les bras, par les mains, par les jambes et par les cheveux. Alors il entendit autour de lui de grands éclats de rire, et en même temps une voix menaçante retentit à son oreille et lui dit :

— Qui es-tu ? que veux-tu ? où vas-tu ?

Lyderic fit un si grand effort pour se tourner du côté d'où venait la voix, qu'il arracha les liens qui tenaient sa tête, de sorte qu'il put voir celui qui lui parlait ainsi. C'était un petit homme de deux pieds de haut, avec une longue barbe blanche et une couronne d'or sur la tête ; il tenait à la main un fouet d'or à quatre chaînes d'acier, et au bout de chaque chaîne il y avait un diamant brut dont chaque angle était plus affilé qu'un rasoir, de sorte que lorsqu'il frappait encore se fouet, il faisait d'un coup sept blessures. Comme il ne doutait pas que ce ne fût ce nain qui lui eût adressé la parole, il répondit :

— Je suis Lyderic, premier comte de Flandre ; je veux

conquérir le trésor des Niebelungen et le casque qui rend invisible, et je vais à la recherche de la princesse Crimhilde, sœur de Gunther, roi des Higlands.

— Eh bien ! dit le nain à la barbe blanche, ton voyage est fini, car tu es dans le pays des Niebelungen ; seulement, au lieu de conquérir leur trésor et le casque qui rend invisible, tu travailleras le reste de ta vie aux mines de Sauten. Ton écuyer sera gardien de mes pourceaux, tes deux chevaux tourneront la meule de mes moulins à huile, ton rossignol chantera dans une cage attachée à ma fenêtre ; et la princesse Crimhilde, lassée de l'attendre, en épousera un autre ou mourra vierge comme la fille de Jephté ; et afin que tu ne puisses douter de la vérité de ce que je te dis, sache que je suis le puissant Alberic, roi des Niebelungen.

A ces paroles menaçantes, auxquelles les oreilles du jeune comte avaient été si peu habituées jusqu'alors, il fit un si terrible mouvement, qu'il dégagea sa main droite des liens qui la retenaient, et du même coup saisit le roi Alberic par la barbe ; mais celui-ci, brandissant son fouet d'or, en porta au comte de Flandre un coup si violent, que l'un des diamans ayant justement frappé à l'endroit où il n'était pas invulnérable, la douleur lui fit lâcher prise.

Aussitôt le roi appela à lui toute son armée, et Lyderic sentit qu'on le frappait de tous côtés avec toutes sortes d'armes, et, au milieu de tous les coups qu'il recevait et qui s'émoussaient sur lui, il sentait les coups du fouet d'or rapides et redoublés comme ceux d'un fléau qui bat le grain dans une grange. Alors Lyderic vit bien qu'il n'y avait pas de temps à perdre ; il fit un effort pareil à ceux qu'il avait déjà faits, et parvint à se dégager son bras gauche et à s'asseoir. En cette position, il put voir toute la plaine couverte, à un quart de lieue autour de lui, de l'armée des Niebelungen, qui formait bien huit à dix mille hommes, les uns à cheval et armés de haches et de sabres, les autres à pied et armés de lances et de hallebardes. A leur tête était le roi Alberic, à qui on venait d'amener son coursier de bataille, et qui s'empressait de le monter, jugeant le cas où il se trouvait plus grave qu'il ne l'avait cru d'abord. En outre, un groupe d'une centaine de personnes emmenait Peters prisonnier avec les deux chevaux, et une espèce de nain tout noir emportait, tout en dansant et en grimaçant, le rossignol dans sa cage.

Cette vue donna à Lyderic une plus grande douleur que n'aurait pu le faire son propre danger. Il dégagea donc aussitôt ses cuisses et ses jambes, et, se dressant sur ses pieds, il tira Balmung, et s'élançant sur ceux qui emmenaient Peters, ses chevaux et le rossignol, il se mit à frapper sur eux comme s'il avait à faire à des géants ; de sorte qu'on vit à l'instant voler les bras et les têtes d'une si rude façon, que chacun lâcha ce qu'il tenait et se mit à fuir : il n'y eut que le nègre qui ne voulut pas lâcher le rossignol, mais Lyderic fit trois pas dans sa direction, le saisit par le milieu du corps, lui arracha la cage des mains, et comme le nain se tordait entre ses doigts avec de grands cris et en essayant de le mordre au lieu de demander grâce, il le jeta rudement à terre et l'écrasa avec son talon, comme on fait d'une bête malfaisante.

Aussitôt il détacha les liens de Peters, coupa les entraves des chevaux et ouvrit la cage du rossignol : de sorte que chacun se retrouva en liberté.

Mais Lyderic comprit, au bruit qui se faisait autour de lui, que rien n'était fait encore, et qu'au contraire l'affaire ne faisait que de s'engager. En effet, en se retournant il vit que le roi avait fait ses dispositions pour une attaque générale : ayant divisé son armée en trois corps, deux d'infanterie et un de cavalerie, qui devaient l'attaquer en face et sur les flancs, tandis qu'un régiment tout entier était de l'autre côté d'une montagne avec l'intention de le venir surprendre par derrière.

Lyderic songea un instant s'il ne monterait pas à cheval pour charger tous ces myrmidons ; mais, réfléchissant que son cheval, n'étant point invulnérable comme lui, lui serait plutôt un embarras qu'un secours, il fit placer Peters

et les deux coursiers à l'arrière-garde, avec ordre positif de ne pas bouger, et se résolut de combattre à pied. Quant au rossignol, il était sur son arbre, et, joyeux de se retrouver libre, il chantait que c'était merveille.

Alors la bataille commença. Attaqué en face par le roi et sa cavalerie, attaqué sur les deux flancs par l'infanterie, et menacé sur ses derrières par un régiment, Lyderic commença à faire le moulinet avec Balmung, de façon à répondre à la fois à tous ses assaillans. Heureusement, si les Niebelungen étaient nombreux, le comte de Flandre était infatigable, et un moissonneur eût été lassé qui eût abattu autant d'épis en sa journée qu'au bout d'une heure il avait abattu d'hommes.

Alors Lyderic vit bien qu'il fallait procéder par méthode. Il s'attacha donc à l'aile gauche qu'il détruisit entièrement ; puis il se retourna vers l'aile droite qu'il mit en fuite ; de sorte qu'il n'eut plus affaire qu'au roi et à sa cavalerie ; quant au régiment qui devait le venir prendre par derrière, il avait été tenu en respect par Peters, et n'avait point osé s'approcher.

Il ne lui restait donc plus à combattre que le roi et sa cavalerie ; mais Alberic était tellement acharné contre lui, que c'était le plus fort de la besogne. Il y avait dans ce petit corps l'âme et la force d'un géant, de sorte que Lyderic, sans s'inquiéter du reste de la cavalerie, ne s'occupa plus que du roi, qui évitait avec une merveilleuse agilité les coups de Balmung, et sanglait Lyderic de si rudes coups avec son fouet d'or, que tout autre que lui en eût eu le corps en lambeaux ; enfin Lyderic, d'un coup de Balmung, finit par couper les deux jambes de devant au cheval du roi, qui s'abattit et le prit sous lui. Aussitôt Lyderic mit la pointe de Balmung sur la poitrine du roi, qui lâcha son fouet d'or en criant merci, et promettant, si le comte de Flandre voulait lui laisser la vie, de lui livrer le grand trésor des Niebelungen et le casque qui rend invisible. Quant au reste de la cavalerie, voyant le roi abattu, elle avait pris la fuite.

Lyderic remit Balmung au fourreau, tira le roi Alberic de dessous son cheval, et lui ayant lié les deux mains avec sa barbe, ramassa le fouet d'or, et ordonna au roi de marcher devant lui pour le conduire à l'endroit où était caché le grand trésor des Niebelungen. Peters, les deux chevaux et le rossignol suivirent Lyderic.

Après avoir marché une demi-heure à peu près, on arriva à un endroit tellement fermé par des rochers, qu'il semblait qu'on ne pût pas aller plus loin. Alors Alberic dit au comte de toucher la pierre avec son fouet d'or, et la pierre s'ouvrit aussitôt, formant une entrée assez grande pour que le roi, le comte, Peters et les deux chevaux pussent passer ; quant au rossignol, il resta dehors, tant il avait peur que cette entrée ne fût celle d'une énorme cage.

Le comte de Flandre et Alberic s'avancèrent à travers une colonnade magnifique ; car chaque colonne était de jaspe, de porphyre ou de lapis lazuli, jusque dans une grande salle carrée, toute en malachite, qui avait une porte à chacune de ses faces ; chacune de ces portes donnait dans une chambre toute pleine de pierres précieuses, et s'appelait du nom du trésor qu'elle renfermait : il y avait la porte des perles, la porte des rubis, la porte des escarboucles et la porte des diamans. Alberic lui ouvrit les quatre portes et lui dit de prendre ce qu'il voudrait.

Comme il aurait fallu plus de cinq cents voitures pour emporter tout ce qu'il y avait là de pierres précieuses, Lyderic se contenta de remplir quatre paniers que lui apporta le roi, le premier de perles, le second de rubis, le troisième d'escarboucles et le quatrième de diamans, et fit charger par Peters les quatre paniers sur ses deux chevaux ; puis il dit au roi Alberic, qui le pressait d'en prendre davantage, que ce qu'il en avait lui suffisait pour le moment, et que quand il n'en aurait plus, il reviendrait chercher.

Alors Alberic demanda au comte de Flandre qu'il voulût bien, puisqu'il l'avait loyalement conduit à son trésor, lui délier les mains et lui rendre son fouet d'or, et qu'alors il le mènerait avec la même fidélité à la caverne où était le casque qui rend invisible; il se fondait sur ce que le casque étant gardé par un géant nommé Taffner, le géant ne lui obéirait pas s'il le voyait désarmé. Lyderic répondit que si le géant n'obéissait pas, c'était son affaire à lui de le faire obéir, et qu'il en viendrait bien à bout; mais à ceci Alberic répondit à son tour que le géant n'aurait qu'à mettre le casque sur sa tête, et qu'alors il disparaîtrait sans que l'un ni l'autre sussent où le retrouver. Cette raison parut si plausible au comte de Flandre, qu'il délia les mains du roi et qu'il lui rendit son fouet d'or. Le nain parut très sensible à cette marque de confiance, et étant sorti, avec Lyderic, Peters et les deux chevaux chargés, de la roche précieuse, il s'achemina vers une autre partie du royaume des Niebelungen, où l'on voyait s'élever un rocher si sombre qu'on eût dit qu'il était de fer. Pendant qu'ils marchaient ainsi, le rossignol voletait d'arbre en arbre et chantait :

« Prends garde à toi, Lyderic, prends garde! la trahison a des yeux de gazelle et une peau d'hermine, et ce n'est que tombé dans le piége que l'on sent ses griffes de tigre et son dard de serpent. Prends garde à toi, Lyderic, prends garde! »

Et Lyderic, sans perdre de vue le roi des Niebelungen, faisait signe de la tête au rossignol qu'il l'entendait, et continuait son chemin; mais au fond du cœur il pensait que le rossignol n'était pas un oiseau très courageux, et qu'il voyait le danger plus grand qu'il n'était.

A mesure que l'on avançait vers la montagne noire, le chemin devenait de plus en plus difficile; mais Alberic marchait devant, frappant avec son fouet d'or et écartant tous les obstacles. Enfin, ils arrivèrent à un endroit où la route tournait tout à coup, et ils se trouvèrent en face d'une grande caverne. Au même instant, Alberic fit un bond de côté, cria : A moi, Taffner! et frappant la terre du talon, disparut par une trappe comme un fantôme qui serait rentré dans sa tombe.

Le comte de Flandre cherchait déjà l'entrée de la trappe, afin de le poursuivre jusque dans les entrailles de la terre, lorsqu'il entendit des pas lourds et retentissans qui s'approchaient de lui. Il se retourna alors vivement du côté d'où venait le bruit; mais il ne vit absolument rien, ce qui lui fit croire qu'il allait avoir affaire au géant Taffner, et que celui-ci venait combattre ayant sur sa tête le casque qui rend invisible. En effet, à peine avait-il eu le temps de tirer son épée pour se mettre à tout hasard en défense, qu'il lui sembla que la montagne lui tombait sur la tête : c'était le géant Taffner qui venait de lui donner un coup de massue.

Si fort que fût Lyderic, comme il ne s'attendait point à être attaqué ainsi, il plia le front et tomba sur un genou; mais aussitôt, se relevant, il donna à tout hasard un grand coup de Balmung devant lui. Quoiqu'il eût l'air de frapper dans le vide, il sentit cependant une résistance, ce qui lui fit croire qu'il avait touché le géant, qui, pour être invisible, n'était point impalpable. En même temps, un rugissement de douleur poussé par Taffner, et suivi d'un second coup de massue, lui prouva qu'il ne s'était point trompé; mais cette fois il s'y attendait, de sorte que, si bien appliqué que fût le coup, Lyderic le reçut sans plier le jarret, et y riposta par un coup d'estoc à fendre un rocher. Il parut que le coup eut son effet, car Taffner poussa un second rugissement, et Lyderic attendit en vain, pendant quelques secondes, une troisième attaque.

Le comte de Flandre croyait déjà être débarrassé du géant, et que celui-ci avait fui, lorsqu'il vit venir à lui, avec la rapidité de la foudre, une pierre aussi grosse qu'une maison, laquelle sortait toute seule de la caverne, comme si elle eût été lancée par quelque catapulte invisible; cette pierre fut suivie d'une seconde, puis d'une troisième, et cela avec une telle rapidité qu'en évitant l'une il ne pouvait éviter l'autre. Lyderic comprit alors que c'était le géant qui avait changé de tactique, et qui, satisfait des deux coups qu'il avait reçus, voulait l'attaquer de loin sans

s'exposer à en recevoir un troisième. Il résolut donc d'user de ruse à son tour; et voyant venir une énorme pierre, au lieu de l'éviter il se jeta au devant, et, tombant à la renverse comme s'il était renversé du coup, il demeura aussi immobile que s'il était mort.

Peters poussa de grands cris de douleur, le rossignol siffla tristement, et le géant accourut si vite que Lyderic, à mesure qu'il s'approchait de lui, sentait la terre trembler sous ses pas : bientôt Lyderic sentit un genou qui se posait sur sa poitrine, tandis qu'avec un poignard on essayait de le percer au cœur. Alors, calculant, par la position du genou et de la main, la position où devait être le géant, il le frappa avec Balmung d'un coup si ferme et si juste à la fois, qu'il lui détacha la tête de dessus les épaules. La tête roula, et en roulant elle sortit du casque, de sorte qu'à l'instant même, casque, tête et tronc devinrent visibles, la tête mordant la terre de rage, et le tronc décapité se relevant tout sanglant et battant l'air de ses bras, car il fallait le temps à la mort d'aller de la tête au cœur; mais enfin elle se fraya sa route glacée, et le corps tomba comme un arbre séculaire déraciné par la tempête.

Lyderic ramassa aussitôt le casque, et, après s'être assuré que Taffner était bien mort, il chercha par quel chemin avait pu lui échapper Alberic, car il lui en coûtait de quitter le pays des Niebelungen sans se venger de la trahison de leur roi. En ce moment, un des chevaux ayant frappé du pied la terre, une trappe s'ouvrit, et, Lyderic, ayant reconnu que c'était l'endroit même où avait disparu le roi, ne douta point que l'escalier qui s'offrait à lui ne conduisît à quelque chambre souterraine où sans doute Alberic se croyait bien en sûreté, et il résolut de l'y poursuivre.

Alors Peters, qui était encore tout tremblant du danger que venait de courir son maître, fit tout ce qu'il put pour l'en empêcher; mais il n'était pas facile de faire revenir Lyderic sur une résolution prise; de sorte que tout ce que le pauvre écuyer put obtenir de lui, c'est qu'il mettrait le casque qui rend invisible. Le comte de Flandre, enchanté d'essayer à l'instant même le pouvoir du casque magique, remercia son écuyer de lui avoir donné cette idée, l'autorisa à venir le rejoindre si dans une heure il n'était pas de retour. Aussitôt il mit le casque sur son front; et, étant devenu à l'instant même invisible aux yeux de Peters, il descendit par l'escalier souterrain.

Aux premiers pas qu'il fit, Lyderic vit bien qu'il ne s'était point trompé, et qu'il devait être dans un des palais du roi Alberic : en effet, les murs étaient resplendissans de pierreries, et le chemin tout sablé de poudre d'or. Après avoir traversé quelques appartemens déserts, mais parfaitement éclairés par des lampes d'albâtre où brûlait une huile parfumée, il entra dans un jardin tout plein de fleurs, qui lui sembla éclairé par le soleil lui-même; mais, en levant la tête, il s'aperçut que ce qu'il prenait pour le ciel était le fond d'un lac, mais si clair et si limpide qu'on le voyait à travers : cependant il s'étonnait, si transparent que fût ce lac, que les rayons du soleil, en le traversant, eussent assez de force pour faire éclore les fleurs, lorsqu'en y regardant de plus près, il s'aperçut que ces fleurs n'étaient point des fleurs véritables, mais bien des plantes artificielles, si artistement travaillées qu'il s'y était laissé prendre. Au reste, elles n'en étaient que plus précieuses, car les tiges étaient de corail, les feuilles d'émeraudes; et, selon qu'on avait voulu imiter des œillets, des tubéreuses ou des violettes, les fleurs étaient en rubis, en topazes et en saphirs.

Au milieu de ce jardin étrange s'élevait un kiosque si élégant, que Lyderic jugea que, s'il devait trouver le roi quelque part, c'était sans doute là. Il s'avança donc doucement, et, protégé par son casque, il arriva sur le seuil sans avoir été vu. Le comte de Flandre ne s'était pas trompé : le roi Alberic était couché dans un hamac entre deux de ses femmes, dont l'une le balançait tandis que l'autre lui faisait de l'air avec une queue de paon; près de lui, sur un sofa, était déposé le fouet d'or.

La conversation était des plus intéressantes : Alberic était en train de raconter à ses deux femmes ses aventures de la journée. Il leur disait l'arrivée de l'étranger dans le pays des Niebelungen; comment lui, Alberic, l'avait trompé en lui faisant accroire qu'il allait lui donner le casque qui rend invisible, et comment, au lieu de tenir sa promesse, il s'était enfoncé dans la terre en appelant à son aide le géant Taffner, qui, à cette heure, l'avait sans doute assommé.

Lyderic n'eut pas la patience d'écouter plus longtemps, et, empoignant le roi par la barbe et le tirant de son hamac :

— Misérable nain, lui dit-il, tu vas payer d'un coup toutes tes trahisons.

Alors, lui ayant lié les mains derrière le dos, il détacha le lustre qui pendait au milieu du kiosque, et ayant fait un nœud à la barbe du roi, il le suspendit au crochet d'or.

— Et maintenant, lui dit-il, reste là jusqu'à ce que la barbe se soit assez allongée pour que tes pieds touchent la terre.

Le petit nain se tordait comme un brochet pris à l'hameçon, criant merci et jurant à cette fois qu'il ferait hommage à Lyderic et le reconnaîtrait pour son suzerain, si celui-ci voulait le détacher; mais Lyderic le laissa crier et se tordre, mit les deux femmes du roi, dont il comptait faire cadeau à la princesse Crimhilde, l'une dans sa poche droite et l'autre dans sa poche gauche, prit le fouet d'or avec lequel on ouvrait le trésor des Niebelungen, ôta son casque un instant pour que le roi ne doutât point que c'était à lui qu'il avait affaire, cueillit, en traversant le jardin, la belle rose qu'il put trouver, remonta l'escalier, et ayant rencontré Peters qui venait au-devant de lui, il se mit en route pour le pays des Higlands, suivi de son écuyer, de ses deux chevaux, et précédé du rossignol, qui ne faisait que chanter, tant il paraissait joyeux que les choses eussent si bien tourné.

VII.

Lyderic marcha ainsi huit jours, précédé de son rossignol, suivi de Peters, et causant avec les deux femmes du roi Alberic, qui aimaient bien mieux le ciel du Seigneur avec son soleil le jour et ses étoiles la nuit, et la terre du Seigneur avec ses plantes parfumées, que leur ciel de cristal, qui était toujours terne et froid, et leurs fleurs de diamans, dont la plus belle et la plus riche n'avait pas l'odeur de la plus pauvre violette se cachant sous l'herbe.

Aussi, chaque jour et chaque soir, quant le soleil se levait à l'orient et se couchait à l'occident, elles remerciaient Lyderic de les avoir arrachées à leur prison, d'où la jalousie du roi maître ne leur avait jamais permis de sortir, et où elles passaient leur temps, l'une à dormir dans son hamac, et l'autre à éventer avec une queue de paon cet horrible nain qui leur était odieux.

Au bout de huit jours, ils parvinrent au bord de la mer; ils la traversèrent en trois autres jours, et vers le matin du quatrième, ils arrivèrent dans la capitale des Higlands, où il y avait de grandes fêtes en ce moment pour l'anniversaire de la naissance du roi.

Ces fêtes se composaient d'un tournoi entre les chevaliers, d'un tir à l'oiseau entre les archers, et d'une course entre les jeunes filles. Elles devaient être terminées par un combat entre des animaux féroces, que venait d'envoyer au roi des Higlands l'empereur de Constantinople, en échange de quatre faucons de Norvège dont Gunther lui avait fait don.

Non-seulement Crimhilde devait présider au tournoi et assister au tir de l'oiseau, mais elle devait encore prendre part à la course; car c'était un usage dans la capitale du pays des Higlands, que toute jeune fille, sans en excepter les princesses, concourût, arrivée à l'âge de dix-

huit ans, au prix de la rose : ce prix était appelé ainsi parce qu'un simple rosier était le but et le prix de la course; mais aussi une splendide promesse était faite à celle qui, arrivée la première, cueillait la rose unique que portait le rosier: elle devait épouser, dans l'année, le plus vaillant chevalier de la terre.

Lyderic avait donc trois occasions pour une de voir la princesse des Higlands, puisque les fêtes devaient commencer le lendemain, mais il n'eut point la patience d'attendre jusque-là, et, ayant mis le casque qui rend invisible, il s'achemina vers le palais.

Il traversa d'abord trois magnifiques appartemens : le premier plein de valets, le second plein de courtisans, et le troisième plein de ministres; mais il ne s'arrêta ni dans le salon des valets, ni dans le salon des courtisans, ni dans le salon des ministres. Puis il passa dans la salle du trône, où le roi était assis sous un dais de pourpre brodé d'or, ayant la couronne en tête et le sceptre à la main; mais il ne s'arrêta point encore dans la salle du trône. Enfin, il parvint dans un petit cabinet, tout de gazon et de fleurs, au milieu duquel était un bassin plein d'eau jaillissante et limpide; et sur ce gazon, au bord de cette eau, il vit une jeune fille couchée et effeuillant distraitement une marguerite sans lui rien demander, car elle n'aimait point encore, et ignorait qu'elle fût déjà aimée. Cette jeune fille était la princesse Crimhilde.

Elle était plus belle que Lyderic n'avait pu se l'imaginer, même dans ses rêves les plus insensés; aussi résolut-il plus que jamais de l'obtenir pour femme, à quelque prix que ce fût, dût-il, comme Jacob, se faire dix ans berger.

En attendant, Lyderic serait resté à regarder Crimhilde ainsi jusqu'au soir, si Gunther n'avait envoyé chercher la princesse. La jeune fille se leva avec la douce obéissance d'une colombe et se rendit aux ordres de son frère. Lyderic la suivit, ne doutant pas être vu : il s'agissait des préparatifs du tournoi du lendemain, où elle devait couronner le vainqueur.

Dès que Lyderic sut que la couronne devait être donnée par Crimhilde, il résolut de la gagner; et comme il n'avait pas de temps à perdre de son côté s'il voulait être prêt le lendemain, il retourna à son auberge.

Comme il avait oublié d'ôter son casque, il entra sans être vu, et il trouva les deux femmes du roi Alberic qui, voulant faire un cadeau à leur libérateur, avaient ramassé tout le long de la route un fil de la sainte Vierge, et si bien que l'une les filait plus fin que les cheveux d'un enfant, tandis que l'autre en tissait une étoffe plus blanche que la neige et plus douce que la soie, plus fine que la toile d'araignée. Les pauvres petites travailleuses se dépêchaient de toute leur âme, car elles voulaient avoir fini pour le lendemain, cette étoffe étant destinée à faire la tunique avec laquelle le chevalier devait paraître au tournoi.

Lyderic devina leur intention, et se retira chez lui sans leur faire connaître qu'elles étaient découvertes: et les deux petites ouvrières travaillèrent si bien, que le lendemain au matin il trouva sa tunique prête. De plus, elle était si magnifiquement brodée de perles, de saphirs, d'escarboucles et de diamans, qu'il n'aurait jamais cru qu'il fût possible qu'avec des pierres on imitât si exactement des fleurs, s'il n'avait vu le parterre souterrain et artificiel du roi Alberic.

Aussi, à peine Lyderic eut-il paru dans la lice, que tous les regards, même ceux de la belle Crimhilde, se fixèrent sur lui, et que chacun fit des vœux pour que le beau jeune homme à la tunique blanche fût victorieux. Ces vœux furent exaucés : Lyderic désarçonna tous ses adversaires, et le chevalier à la tunique blanche fut proclamé vainqueur du tournoi, couronné par Crimhilde elle-même, et invité au dîner de la cour, et au bal qui en devait être la suite.

Le lendemain Lyderic s'habilla en archer, et du premier coup abattit l'oiseau; car on se rappelle que nous avons dit que, pendant ses exercices dans la forêt où il avait été élevé, il était devenu un des plus habiles tireurs d'arc qui fussent au monde. Alors il ramassa le perroquet encore tout percé de sa flèche, et, lui ayant mis un gros diamant dans le bec et deux perles magnifiques à la place des yeux, il appela Peters et lui ordonna de le porter au roi, comme un don qu'il désirait lui faire en remerciement de la manière courtoise dont il avait été reçu par lui.

Le lendemain devait avoir lieu la course à la rose : toutes les jeunes filles étaient réunies dans une lice, dont deux cordonnets de soie fermaient les limites, et au bout de cette lice, longue de cinq cents pas à peu près, était le rosier à la rose unique. Crimhilde était au milieu d'elles, la plus belle, la plus svelte et la plus élancée ; et son visage, tout resplendissant du désir de gagner le prix et de devenir la femme du plus brave chevalier de la terre, lui donnait un éclat qui la rendait plus belle encore que la première fois que Lyderic l'avait vue.

Lyderic résolut alors de lui faire gagner le prix : il rentra à son auberge, mit sur sa tête le casque qui rend invisible, emplit ses poches de pierreries, descendit dans la lice, et se plaça auprès d'elle.

Le roi donna le signal de la course, et toutes les jeunes filles partirent rapides comme des gazelles. Cependant, si légère que fût Crimhilde, cinq ou six de ses compagnes la suivaient de si près, qu'on pouvait hésiter à dire laquelle arriverait la première au rosier. Mais alors Lyderic, qui courait derrière elle, prit de chaque main une poignée de pierreries qu'il sema dans la lice. Alors les jeunes filles, voyant briller à leurs pieds des perles, des rubis, des escarboucles et des diamans, ne purent résister au désir de les ramasser ; pendant ce temps, Crimhilde gagna du chemin, et comme plus ses compagnes avançaient dans la lice, plus la lice était semée de pierres précieuses, Crimhilde, pour qui l'espoir d'épouser le plus vaillant chevalier de la terre était plus précieux que tous les diamans du monde, arriva la première au but et cueillit la rose.

Le lendemain était consacré aux combats d'animaux féroces : ils étaient dans un grand cirque creusé en terre, et tout autour on avait bâti des estrades ; sur l'une d'elles, isolée et magnifiquement enrichie, était le roi Gunther, et sa sœur Crimhilde, qui, radieuse du triomphe qu'elle avait emporté la veille, tenait à la main la rose qui en avait été le prix.

Déjà plusieurs couples d'animaux avaient combattu l'un contre l'autre, lorsqu'on amena un lion de l'Atlas et un tigre de Lahore ; c'étaient à la fois les deux plus magnifiques et les deux plus terribles animaux que l'on pût voir en face l'un de l'autre.

Ils étaient au moment le plus acharné de leur lutte, lorsque la princesse Chrimhilde poussa un cri : elle venait de laisser tomber entre eux la rose qu'elle tenait à la main.

Ce cri fut suivi d'un second que poussèrent d'une seule voix tous les spectateurs : Lyderic était sauté dans la lice pour aller chercher la rose !

Aussitôt, d'un mouvement unanime, le lion et le tigre cessèrent leur combat et se retournèrent vers Lyderic, rugissant et se battant les flancs avec leur queue. Mais lui tira le fouet d'or de sa ceinture, et leur en appliqua de si rudes coups, qu'ils s'enfuirent en hurlant comme des chiens. Alors Lyderic s'avança librement vers la fleur et la ramassa ; mais au lieu de rendre à la princesse Crimhilde la rose qu'elle avait laissé tomber, il lui donna celle qu'il avait cueillie dans les jardins souterrains d'Alberic : Crimhilde était si troublée, que, sans s'apercevoir de la substitution, elle prit la rose que lui tendait le jeune homme, et se tournant vers le roi :

— Ah ! mon frère, dit-elle, entraînée sans doute par le désir qu'elle en avait, je crois bien que le seigneur Lyderic est le plus brave chevalier de la terre.

Le lendemain, Lyderic envoya au roi Gunther les quatre paniers pleins de perles, de rubis, d'escarboucles et de diamans, en lui faisant demander en échange la main de sa sœur. Mais le roi Gunther répondit que la main de sa

sœur ne serait qu'à celui qui l'aiderait à conquérir le château de Ségard, qui était tout entouré de flammes, et dans lequel la belle Brunchilde, reine d'Islande, était endormie depuis cinquante ans.

Lyderic répondit qu'il était prêt à conquérir le château de Ségard, à réveiller la reine d'Islande et à la ramener dans le pays des Higlands. Mais Gunther ne voulut point permettre que Lyderic accomplît seul une entreprise qui ne le regardait point ; de sorte qu'il fut convenu que les deux jeunes gens iraient ensemble à la conquête du château de Ségard, et que, s'ils réussissaient dans cette entreprise, à son retour dans la capitale des Higlands, Lyderic épouserait Crimhilde.

Au bout de huit jours, le vaisseau qui devait transporter Gunther et Lyderic en Islande étant prêt, ils partirent accompagnés de cent des meilleurs chevaliers du pays des Higlands. En partant, Lyderic donna à Crimhilde les deux femmes du roi Alberic, dont elle fit à l'instant même ses dames d'honneur, afin de pouvoir causer tout à son aise avec celle de celui qui, pour la posséder, allait tenter une entreprise si périlleuse.

Vers le soir du troisième jour de la navigation, on aperçut une grande lueur à l'horizon, et les deux jeunes gens ayant interrogé le pilote, celui-ci répondit que ce devait être l'embrasement du château de Ségard.

En effet, à mesure que la nuit s'avança, l'incendie devint plus visible ; on distinguait les hautes murailles crénelées, qui brûlaient sans se consumer, car elles étaient en pierre d'amiante ; puis, dans ces murailles, des portes au nombre de dix, dont chacune était gardée par un dragon.

Au point du jour, le vaisseau, toujours guidé par l'embrasement comme par un immense phare, aborda dans un beau port, que dominait le château. Gunther voulait aussitôt s'élancer à terre et essayer de passer à travers les flammes ; mais Lyderic le retint, lui disant qu'il avait, lui, tous les moyens de mener l'entreprise à bien ; qu'il le laissât donc faire, et qu'il lui en rendrait bon compte. Le roi resta donc sur le vaisseau avec ses cent chevaliers, et Lyderic, ayant mis Balmung à son côté, passé son fouet d'or à sa ceinture et posé sur sa tête le casque qui rend invisible, sauta sur le rivage, et, sans se donner la peine de choisir une porte plutôt qu'une autre, s'avança vers celle qui était la plus proche de la mer.

Elle était gardée par une hydre monstrueuse qui avait six têtes, dont trois veillaient sans cesse tandis que les trois autres dormaient. Lyderic s'avança résolument vers elle ; et, quoiqu'il fût invisible, l'hydre entendit le bruit de ses pas ; aussitôt les trois têtes qui veillaient réveillèrent les trois têtes endormies, et toutes les six se dressèrent en jetant des flammes du côté d'où venait le bruit.

Ces flammes étaient si vives et si ardentes, que leur chaleur, jointe à celle des murailles, ne permettait pas à Lyderic d'approcher de l'hydre à la longueur de Balmung, force lui fut donc de remettre son épée au fourreau et de se contenter de son fouet d'or ; mais il s'en escrima si heureusement, qu'au bout de quelques secondes l'hydre tourna le dos et se mit à fuir. Lyderic la poursuivit et entra avec elle dans la ville ; là, l'ayant forcée d'entrer dans un cul-de-sac, il la fouetta si bien qu'elle cessa de jeter des flammes pour jeter du sang. Lyderic profita de ce changement, repassa son fouet à sa ceinture, tira Balmung, coupa l'une après l'autre les six têtes du monstre, et continua son chemin.

Il n'y avait point à se perdre, toutes les rues étaient tirées au cordeau et toutes correspondaient au palais de la princesse, qui était situé au centre de la ville.

Lyderic s'avança vers ce palais au milieu d'un silence étrange : tout le long de la route il trouvait des commissionnaires endormis sur leurs crochets ; des facteurs le bras étendu vers la sonnette de la maison où ils portaient des lettres ; des cochers assis sur le siège de leur voiture, le fouet à la main, des chasseurs derrière ; des marchands et des marchandes assis sur le pas de la porte ; une procession qui allait à l'église : et tout cela dormait profondément et silencieusement, à l'exception du joueur de serpent, qui soufflait de telle façon que l'on aurait pu croire qu'il continuait à jouer de son instrument.

Le comte de Flandre continua son chemin et entra dans le palais. Le même silence qu'au dehors y régnait : le gardien du donjon dormait en tenant sa trompe à la main ; les chiens étaient couchés près de la porte ; les oiseaux se tenaient perchés sur les arbres ; les mouches étaient immobiles sur les murs.

A mesure que Lyderic pénétrait dans les appartemens, il lui était facile de voir que le sommeil avait surpris les habitans du château au milieu d'une fête : les antichambres étaient pleines de laquais qui étaient debout, portant des plateaux vides. Enfin il entra dans la salle de bal, et il trouva tous les conviés achevant une contredanse, les uns ayant le bras et les autres la jambe en l'air : rien d'ailleurs n'était changé à la figure ; les musiciens avaient l'archet sur les cordes de leurs violons et la bouche au bec de leurs clarinettes.

Sur une espèce de trône, était couché un beau chevalier portant une armure étincelante de pierreries, et le front couvert d'un casque d'or. Comme il semblait le roi de la fête, Lyderic alla droit à lui et détacha son casque ; mais alors de magnifiques cheveux blonds se répandirent sur ses épaules, et un délicieux visage de femme lui apparut, encadré par eux comme d'une auréole d'or. Lyderic approcha sa joue de la sienne pour sentir si elle respirait encore ; un souffle doux et parfumé lui prouva que la vie n'avait point cessé d'animer ce beau corps. Alors Lyderic, ayant la bouche si près de cette bouche de corail, ne put résister au désir d'y déposer un baiser ; mais si doucement que ses lèvres eussent touché les lèvres de la belle guerrière, celle-ci tressaillit et ouvrit les yeux.

En même temps qu'elle, tout se réveilla : les musiciens reprirent leur ritournelle, les danseurs achevèrent leur gigue, et les laquais entrèrent avec leurs rafraîchissemens.

— Sois le bienvenu, jeune homme, dit Brunehilde à Lyderic, car les prophètes ont dit que je ne serais réveillée que par celui à qui appartiendraient un jour cette ceinture et cet anneau.

— Hélas ! belle princesse, répondit en souriant Lyderic, tant de bonheur ne m'est point réservé. Je ne suis qu'un ambassadeur, et je viens vous demander votre main pour Gunther, roi des Higlands, dont je vais épouser la sœur.

— Ah ! ah ! dit Brunehilde en donnant à l'instant même à son visage l'expression du plus profond dédain ; vous entendez, messieurs et mesdames : celui qui nous envoie demander notre main n'a pas jugé que nous fussions digne des périls auxquels il fallait s'exposer pour parvenir jusqu'à nous, et il nous a envoyé un ambassadeur plus brave que lui.

— Je vous demande pardon, adorable princesse, reprit Lyderic. Je ne suis pas plus brave que Gunther ; mais la condition que j'avais mise en l'accompagnant était qu'il me laisserait tenter l'aventure. Arrivé dans le port, je l'ai sommé de tenir sa parole, et il a bien fallu qu'il la tint, car vous savez que c'est le premier devoir de tout brave chevalier que d'être fidèle à ses engagemens.

— C'est bien, c'est bien, dit Brunehilde presque sans écouter Lyderic. Et celui qui vous envoie sait quelles épreuves doit subir celui qui veut être mon époux ?

— Oui, noble princesse, répondit Lyderic, et comme ces épreuves sont les plus dangereuses, celles-là Gunther se les est réservées.

— Retournez donc vers lui, dit alors Brunehilde, et dites-lui qu'il se tienne prêt à accomplir les épreuves que je lui imposerai demain matin ; mais sachez en même temps que s'il succombe, vous et lui périrez tous les deux.

Lyderic voulut ajouter quelques mots de galanterie pour prendre congé ; mais Brunehilde ne lui en donna pas le temps, et lui tournant dédaigneusement le dos, elle passa dans la chambre voisine. — Lyderic retourna vers Gunther.

Il trouva le roi qui l'attendait avec impatience ; et lui raconta comment tout s'était passé, et comment il devait subir le lendemain les épreuves dont il fallait sortir vainqueur pour devenir le mari de Brunehilde et roi d'Islande. Puis il ajouta la menace qu'avait faite Brunehilde de les envoyer à la mort tous les deux si Gunther n'était pas vainqueur. Gunther demanda alors à Lyderic s'il ne voulait pas lui laisser achever les épreuves seul et s'en retourner dans l'île des Higlands, lui promettant que, de quelque manière que tournassent les choses, sa sœur Crimhilde n'en serait pas moins sa femme ; mais Lyderic pensant que Gunther aurait besoin de lui pendant les épreuves, refusa, en lui disant que telles n'étaient pas leurs conventions, et qu'il désirait jusqu'au bout partager sa fortune. Gunther, qui, de son côté, était bien aise d'avoir Lyderic près de lui, n'insista pas davantage, et les deux amis attendirent avec impatience le lendemain.

Le moment du départ du vaisseau était fixé à six heures du matin, et Gunther était prêt à l'heure dite, lorsqu'en regardant autour de lui il chercha vainement Lyderic. Il commençait déjà à être fort inquiet de son absence, à craindre quelque trahison, lorsqu'il entendit à son oreille une voix qui lui disait :

— Ne crains rien, Gunther, je suis près de toi et ne te quitterai pas, et peut-être te serai-je plus utile ainsi que si j'étais visible à tous les yeux.

A ces mots, il reconnut la voix de Lyderic, et il fut tranquillisé.

Alors il se mit en route avec ses cent chevaliers et s'avança vers la ville. Mais bientôt il en vit sortir Brunehilde à la tête de cinq cents soldats, qui enveloppèrent Gunther et ses cent chevaliers, de manière à ce que, si le roi échouait dans les épreuves, ni lui ni aucun des hommes de sa suite ne pussent échapper. Gunther commença à s'inquiéter, et demanda à voix basse :

— Lyderic, es-tu là !

— Oui, répondit Lyderic.

Et Gunther se tranquillisa.

Arrivé devant la belle gaerrière, le roi mit pied à terre et se présenta à elle comme celui qui sollicitait l'honneur de devenir son époux. Alors Brunehilde sourit dédaigneusement en regardant Gunther, et lui dit :

— Il est une loi du ciel et de la terre pour que tout mariage soit heureux, c'est que la femme doit obéissance à son mari ; or, pour que la femme obéisse, il faut qu'elle rencontre un homme supérieur à elle ; or, j'ai juré de n'épouser, moi, que celui qui sera plus adroit, plus fort et plus léger que moi, car à celui-là seulement je consentirai à obéir. Roi Gunther, es-tu prêt à tenter les trois épreuves qu'il me conviendra de t'imposer ?

— Je suis prêt, dit Gunther.

— Alors, si cela est votre bon plaisir, monseigneur, comme vous êtes tout armé et moi aussi, nous commencerons par la joute... Apportez les lances.

Aussitôt huit écuyers apportèrent deux lances, si lourdes qu'il fallait quatre hommes pour porter chacune d'elles. Gunther les regarda avec inquiétude, car elles étaient aussi grosses que le mât de son vaisseau, et il ne croyait même pas qu'il pût les soulever. Lyderic vit son inquiétude et lui dit :

— Ne crains rien, et fais-moi place sur le devant de la selle : c'est toi qui feras le geste, et c'est moi qui porterai et qui recevrai le coup.

Ces paroles rassurèrent Gunther, de sorte qu'il accepta sans hésiter, ce qui parut fort étonner Brunehilde, qui prit une des deux lances, qu'elle souleva avec une facilité extraordinaire, et, mettant son cheval au galop, elle alla se placer à l'endroit d'où elle devait courir.

Quant à Gunther, il souleva la sienne avec la même aisance que si c'était un fétu de paille, ce qui excita un long murmure d'admiration parmi les assistans, et il alla se placer à cent pas, en face de Brunehilde.

Les juges donnèrent le signal ; les chevaux partirent au galop, et les deux adversaires se rencontrèrent au milieu du chemin, et, au grand étonnement de tout le monde, la lance de Gunther se brisa en morceaux sur le bouclier d'or de Brunehilde, mais en la frappant d'un tel choc, que la belle guerrière fut renversée jusque sur la croupe de son cheval; de sorte que son casque tomba et laissa voir son visage tout enflammé de colère et de honte; quant à Gunther, comme le choc avait atteint Lyderic, il était resté ferme et inébranlable sur ses arçons.

— Je suis vaincue, dit la reine en jetant sa lance; passons à la seconde épreuve.

Et elle descendit de cheval.

— Tu ne t'en vas pas? dit Gunther à Lyderic.

— Non, sois tranquille, répondit Lyderic.

— Bien, dit Gunther.

Et alors il reçut d'un visage modeste et souriant les complimens de ses cent chevaliers, qui lui dirent que jamais ils ne lui avaient vu déployer une pareille force; et pour la première fois le roi Gunther reconnut en lui-même que ses courtisans lui disaient la vérité.

Pendant ce temps, douze hommes apportaient une énorme pierre dont l'aspect seul fit frissonner Gunther.

— Vois-tu ce qu'ils font? demanda tout bas Gunther à Lyderic.

— Oui, dit Lyderic; mais ne t'inquiète pas.

— Roi Gunther, dit Brunehilde, tu vois bien cette pierre? je vais la jeter jusqu'à cette petite montagne qui est à cinquante pas de nous à peu près; si tu la jettes plus loin, je me reconnaîtrai vaincue, comme lorsque tu as brisé ma lance.

— Cinquante pas! murmura tout bas Gunther. Peste!

— Ne crains rien, dit Lyderic, je mettrai ma main dans la tienne : tu feras le mouvement, et c'est moi qui la lancerai.

Alors Brunehilde prit la pierre d'une seule main, la fit tourner deux ou trois fois au-dessus de sa tête comme un berger fait d'une fronde, et la lança avec tant de force, qu'au lieu de s'arrêter au bas de la montagne, comme elle l'avait dit, la pierre monta en roulant jusqu'à la moitié, puis, entraînée par son poids, retomba jusqu'au but qui lui avait été marqué.

Les chevaliers de Gunther tremblèrent; ceux de Brunehilde applaudirent. Les douze hommes allèrent chercher la pierre, qu'ils rapportèrent à grand'peine à l'endroit d'où l'avait lancée Brunehilde.

Alors Gunther la prit, et, sans effort apparent, sans avoir besoin de la faire tourner autour de sa tête, comme un joueur de boule lance sa boule, il lança la pierre, qui alla tomber du premier coup plus loin qu'elle n'avait été même en roulant, et qui, continuant de rouler à son tour, franchit la montagne jusqu'à son sommet, et, comme l'autre versant descendait vers la mer, elle eut encore assez d'impulsion pour franchir la cime, et, suivant la pente opposée, s'en aller en bondissant s'engloutir dans la mer.

Cette fois-ci, ce ne furent plus des applaudissemens mais des cris d'admiration qui accueillirent cette preuve de la force de Gunther. Chacun, voulant voir où s'était arrêtée la pierre, courut à la montagne, et vit au milieu de la mer, toute bouillonnante encore, s'élever la pointe d'un écueil nouveau et inconnu.

Brunehilde était pâle de colère; elle rappela tout son peuple.

— Or çà, dit-elle, venez ici, car tout n'est point fini encore, et il nous reste une dernière épreuve. — Roi Gunther, ajouta-t-elle en se retournant, tu vois ce précipice?

— Oui, dit Gunther.

— Comme tu le vois, il a vingt-cinq pieds de large; quant à sa profondeur, elle est inconnue, et une pierre comme celle que nous venons de lancer mettrait plusieurs minutes à en trouver le fond. Un jour que je poursuivais un élan à la chasse, l'élan le franchit et crut être en sûreté, mais je le franchis derrière lui, je le joignis et je le tuai. Es-tu prêt à me poursuivre comme je poursuivais l'élan et à franchir le précipice derrière moi?

— Hum! fit Gunther.

— Accepte, dit Lyderic.

— Je suis prêt, répondit Gunther; mais n'ôtons-nous pas notre armure?

— Permis à toi d'ôter ton armure, roi Gunther, dit dédaigneusement Brunehilde; mais moi je garderai la mienne?

— Garde ton armure, dit tout bas Lyderic.

— Je ferai comme vous ferez, répondit Gunther.

Alors la belle guerrière s'élança, légère comme une biche, et, sans crainte, sans hésitation, elle franchit le précipice; mais cela si justement, que le bout de son pied à peine toucha de l'autre côté, et que tous les assistans jetèrent un cri, croyant qu'elle allait retomber en arrière dans le précipice.

— A ton tour, roi Gunther, dit alors en se retournant Brunehilde.

— Comment allons-nous faire? dit Gunther à Lyderic.

— Je te prendrai par le poignet, répondit Lyderic, et je t'enlèverai avec moi.

— Ne va pas me lâcher, dit Gunther.

— Sois tranquille, répondit Lyderic.

Pour toute réponse, Gunther se mit à courir avec une rapidité telle, qu'à peine pouvait-on le suivre des yeux; puis, arrivé au bord, il s'enleva comme s'il eût eu les ailes d'un aigle, et retomba de l'autre côté à plus de dix pieds plus loin que n'avait fait Brunehilde.

— Roi Gunther, dit Brunehilde, tu m'as vaincue dans les trois épreuves que je t'avais imposées; je n'ai donc plus rien à dire. Tu m'as conquise, je suis ta femme.

— Et toi, dit tout bas Gunther à Lyderic, tu es le mari de ma sœur.

Et tandis que Gunther baisait la main de Brunehilde, Lyderic serrait la main de Gunther.

Gunther et Brunehilde s'avancèrent alors vers les assistans en se tenant par la main, et Brunehilde leur présenta comme son époux. Cette nouvelle excita, tant parmi les chevaliers de l'Islande que parmi ceux de l'Ecosse, de grands transports de joie, car, selon eux, avec un tel roi et avec une telle reine, ils n'avaient rien à craindre d'aucun peuple étranger.

Lyderic ôta son casque, et étant redevenu visible, il salua Gunther et Brunehilde comme s'il arrivait seulement à cette heure du vaisseau. Mais à peine Brunehilde daigna-t-elle le regarder; quant à Gunther, quelque envie qu'il eût de l'embrasser, il se contenta de lui serrer la main.

Il fut convenu que les deux noces se feraient ensemble dans la capitale des Higlands, seulement on resta quinze jours encore à Ségard, pour que Brunehilde réglât avant son départ toutes les affaires de son royaume.

Puis, ces quinze jours écoulés, on partit, et un vent favorable conduisit le vaisseau dans la capitale des Higlands.

La princesse Crimhilde fut bien heureuse de revoir Lyderic, et d'apprendre de la bouche même de son frère qu'il lui avait rendu de tels services qu'il lui avait accordé sa main; elle reçut aussi la reine Brunehilde comme une sœur à laquelle elle était disposée d'avance à accorder toute son amitié. Quant à celle-ci, son accueil fut, selon son habitude, froid et fier, car elle méprisait beaucoup les jeunes filles qui, comme Crimhilde, ne s'étaient jamais occupées que de toilette et de broderies.

Quant aux deux petites dames d'honneur, elles furent fort contentes aussi de revoir leur libérateur, car elles se trouvaient bien heureuses près de la princesse Crimhilde, qui avait pour elles toutes sortes de bontés, et à qui, en échange, elles montraient à faire des broderies miraculeuses de finesse et d'éclat.

Les deux noces se firent en grande pompe, et il y eut pendant les trois jours qui les précédèrent force joutes et tournois. Mais, le jour même du mariage, Lyderic reçut des lettres de sa mère qui le rappelait dans ses Etats : la bonne vieille princesse se mourait d'envie de revoir son fils, et le suppliait de revenir auprès d'elle avec sa belle-fille qu'elle avait grande envie de voir, lui disant que s'il tardait seulement de huit jours à se mettre en route, il la trouverait morte d'ennui et de chagrin. Il dit donc à la princesse sa femme qu'il devait partir le plus tôt possible; et comme celle-ci n'avait d'autre volonté que celle de son mari, elle lui offrit de se mettre en route dès le lendemain. Seulement Crimhilde demanda à Lyderic la permission de faire cadeau à sa belle-sœur de la moitié de ses perles, de ses rubis, de ses escarboucles et de ses diamans; ce à quoi Lyderic consentit volontiers; mais Brunehilde renvoya fièrement les pierreries à sa belle-sœur, en lui faisant dire que ses bijoux, à elle, étaient sa lance, sa cuirasse, son bouclier, son casque et son épée. Ce renvoi fut un nouveau motif à Lyderic de partir promptement, car il vit bien que s'il était resté plus longtemps à la cour du roi son frère, la mésintelligence n'aurait point tardé à se mettre entre les deux femmes.

Lyderic et Crimhilde partirent donc pour le château de Buck, qu'habitait toujours la vieille princesse, et ils y arrivèrent au bout de trois jours de route.

Ermengarde fut bien joyeuse de revoir son fils, et elle fit à Crimhilde un véritable accueil de mère. Au reste, tout allait parfaitement dans les Etats du comte de Flandre; ses peuples, étant plus heureux qu'ils n'avaient jamais été, ne demandaient rien autre chose au ciel que la conservation d'un si bon prince.

Au bout de neuf mois juste, la princesse Crimhilde accoucha d'un beau garçon, qui reçut au baptême le nom d'Andracus

IX.

En même temps que Gunther félicitait sa sœur de son accouchement, il invita Lyderic à venir le voir avec Crimhilde aussitôt qu'elle pourrait supporter le voyage, lui disant qu'il avait des choses de la plus haute importance à lui communiquer.

Lyderic communiqua la lettre à sa femme : elle avait de son côté grand désir de revoir son frère, de sorte que comme, grâce à son bon naturel, elle avait oublié l'orgueilleux accueil de la reine Brunehilde, elle fut la première à l'inviter à revenir passer quelque temps à la cour du roi Gunther. Quant à la vieille princesse, elle eut bien quelque peine d'abord à donner son consentement à cette nouvelle absence, mais on lui promit de lui laisser son petit-fils, ce qui la détermina à ne plus s'opposer au départ de Lyderic et de Crimhilde, qu'elle aimait maintenant à l'égal d'une fille.

Le comte de Flandre, au reste, s'était d'autant plus facilement déterminé à laisser son fils à la vieille princesse, que Gunther ne lui ayant pas même dit dans sa lettre que Brunehilde fût enceinte, il craignait de lui inspirer des regrets plus vifs encore en lui rappelant sans cesse par la vue de son enfant qu'il avait été plus heureux que lui.

Lyderic et Crimhilde partirent donc seuls pour la capitale des Higlands.

Ils furent reçus par Gunther avec les démonstrations de la joie la plus vive; la fière Brunehilde elle-même parut contente de les recevoir, et en apercevant Lyderic son visage se couvrit d'une vive rougeur, car elle ne pouvait oublier ce baiser qui l'avait réveillée et dont elle n'avait jamais parlé à son mari. De son côté, Lyderic avait jugé inutile de raconter à Gunther cette circonstance de son ambassade; de sorte que Gunther attribuait la rougeur de Brunehilde à la joie qu'elle avait de revoir ses anciens amis.

Aussitôt que Lyderic et Gunther se trouvèrent seuls, ce qui ne tarda point, car tous deux en cherchaient l'occasion, Lyderic demanda à Gunther quelles étaient les choses importantes dont il avait à l'entretenir.

Alors Gunther raconta à Lyderic une histoire étrange. La nuit de ses noces, Brunehilde avait détaché ses jarretières; avec l'une elle avait lié les mains de son mari, avec l'autre les pieds, et l'avait accroché à un faisceau

d'armes qui était scellé dans la muraille, puis elle s'était couchée tranquillement. Gunther alors avait voulu crier et appeler au secours; aussitôt Brunehilde s'était relevée et l'avait si cruellement battu, que le pauvre diable avait fini par promettre qu'il se tiendrait tranquille et muet toute la nuit. Sur cette promesse, Brunehilde s'était recouchée, et avait dormi tout d'une traite jusqu'au jour. Au jour elle s'était réveillée, et, touchée des supplications de Gunther, elle l'avait décroché.

Depuis lors, chaque nuit la princesse en avait usé avec lui comme la première fois, seulement elle le battait plus cruellement encore. Il ne restait d'autre ressource à Gunther que de se sauver le soir dans une pièce voisine de la chambre nuptiale, et de s'y barricader à double tour.

Telles étaient les choses importantes que Gunther avait à confier à son ami Lyderic.

Ce ne fut pas sans raison que Gunther avait compté sur son ami. Lyderic réfléchit un instant à ce qu'il venait d'entendre; puis, posant la main sur l'épaule de Gunther :

— Sois tranquille, lui dit-il; et ce soir, quand les pages et les serviteurs se seront retirés, au lieu de sortir par la porte, ferme-la en dedans, et souffle la lampe, le reste me regarde. Je t'ai déjà soutenu dans les trois premières épreuves, je ne t'abandonnerai pas dans la dernière.

— Tu seras donc là ? demanda Gunther.

— Je serai là, répondit Lyderic.

— Mais comment saurai-je que tu y es?

— Je te parlerai à l'oreille, comme j'ai fait au château de Ségard.

Gunther se jeta dans les bras de son ami, lui jurant qu'il n'oublierait jamais ce dernier service, le plus grand de tous ceux qu'il lui avait rendus.

La journée se passa en fêtes; le roi et la reine des Higlands avaient l'air d'être le mieux ensemble; aussi tout le monde déplorait-il la stérilité de leur union, seul nuage qui pût obscurcir le ciel d'un aussi bon ménage, Brunehilde consentant à paraître la servante le jour pourvu qu'elle fût la maîtresse pendant la nuit.

Le soir arriva sans que Brunehilde se doutât en rien du complot qui était tramé contre elle.

Quand l'heure de se retirer fut venue, Lyderic conduisit Crimhilde à sa chambre, et, lui disant qu'il avait à causer d'affaires d'Etat avec Gunther, il la laissa seule, contre son habitude. Cet abandon momentané fit quelque peine à Crimhilde; mais son âme, à elle, était faite de dévouement, comme celle de Brunehilde était faite d'orgueil, et lorsque Lyderic lui eut dit que cette absence avait pour but de rendre un grand service à son frère, elle ne retint plus son mari. En conséquence Lyderic passa dans la chambre voisine, mit sur sa tête le casque qui rend invisible, et s'achemina vers la chambre du roi. La porte en était ouverte. Comme d'habitude, des pages et des serviteurs, portant chacun une torche à la main, venaient de conduire leurs souverains dans cette chambre, témoin depuis un an de si étranges choses. Lyderic se glissa parmi eux, et voyant que le roi regardait avec inquiétude, il s'approcha de lui en disant : « Me voilà. » Dès lors le visage de Gunther reprit toute sa sérénité, et son regard cessa de s'arrêter malgré lui sur le malencontreux faisceau d'armes auquel il devait les plus mauvaises nuits qu'il eût passées de sa vie.

A l'heure habituelle, les serviteurs et les pages se retirèrent, emportant les flambeaux et ne laissant qu'une seule lampe allumée. Alors Brunehilde, qui jusque-là avait gardé l'apparence d'une femme soumise, se leva fièrement, et, avec la démarche d'une reine, s'avança vers son mari. Mais celui-ci ayant demandé tout bas à Lyderic s'il était là, et en ayant reçu une réponse affirmative, s'élança vers la porte, et, l'ayant fermée à la clef, mit la clef dans sa poche, au lieu de s'enfuir comme il en avait l'habitude. Brunehilde frappa Gunther si rudement, qu'il alla tomber sur la table où était la lampe, la renversa et l'éteignit, de sorte que la chambre se trouva dans l'obscurité.

— Tu vois? dit tout bas Gunther à Lyderic,

— Oui, répondit Lyderic ; et maintenant, mets-toi dans un coin et laisse-moi faire.

Alors Lyderic s'avança à la place de Gunther, et comme Brunehilde crut que c'était toujours son mari, et que par expérience elle avait appris à connaître sa supériorité sur lui, elle voulut lui saisir les mains pour les lui lier comme elle avait déjà fait. Mais cette fois les choses ne se passèrent pas ainsi que de coutume, et au contraire, ce fut Lyderic qui prit Brunehilde par les poignets et qui les lui lia avec le ceinturon ; puis il attacha Brunehilde au faisceau d'armes et disparut. En sortant, ses pieds rencontrèrent un léger obstacle près de la porte. Il se baissa pour voir ce que c'était, et ramassa quelque chose de soyeux. Quand il fut arrivé à la lumière, il reconnut la ceinture que Brunehilde portait ordinairement, et dans laquelle, suivant son habitude, se trouvait passé un large anneau d'or à ses armoiries.

En rentrant chez lui, Lyderic trouva Crimhilde fort inquiète. Alors, comme il n'avait point de secret pour elle, il lui raconta ce qui venait de se passer, et lui montra l'anneau et la ceinture qu'il avait trouvés. Crimhilde les voulut avoir. Lyderic s'y refusa un instant ; puis, comme il vit que son refus ne faisait qu'augmenter les désirs de sa femme, il lui donna l'anneau et la ceinture, en la priant de ne jamais dire d'où ils lui venaient. Crimhilde le lui promit, et dans ce moment sans doute elle avait l'intention de tenir sa promesse.

Le lendemain, du plus loin que Gunther aperçut Lyderic, il alla à lui et lui serra la main d'un air triomphant ; quant à Brunehilde, elle parut au contraire honteuse et attristée, et comme ne pouvant se pardonner la victoire que son mari avait remportée sur elle.

Avec la faiblesse de la femme, ses petites passions étaient aussi venues à Brunehilde, et cette haine instinctive qu'elle avait ressentie pour Crimhilde s'augmenta bientôt au point que les deux femmes ne pouvaient se rencontrer sans échanger l'une avec l'autre des paroles piquantes. Sur ces entrefaites, des troubles éclatèrent dans le nord du pays des Higlands, et Gunther fut obligé de quitter sa capitale pour aller les apaiser. Il prit donc congé de Lyderic et de Crimhilde, laissant à Brunehilde le soin de remplir envers eux les devoirs de l'hospitalité.

Mais Brunehilde ne se vit pas plutôt seule, qu'elle traita Lyderic et Crimhilde avec une hauteur à laquelle ni l'un ni l'autre n'étaient habitués. Ce n'était rien pour Lyderic, qui croyait savoir la cause de ce mépris apparent ; mais il n'en était point ainsi de Crimhilde, qui ressentait doublement, pour elle et pour son mari, les insultes qu'on lui faisait. Enfin, les insultes lui devinrent insupportables, et elle résolut de s'en venger.

Alors, comme vint le saint jour du dimanche, sans rien dire à son mari de ce qu'elle allait faire, elle passa à son doigt l'anneau et serra autour de sa taille la ceinture que Lyderic avait trouvés chez Brunehilde pendant la nuit où il avait lutté avec elle, et étant partie pour l'église en même temps que Brunehilde, au moment d'y entrer, elle prit le pas sur elle. Alors Brunehilde l'arrêta.

— Depuis quand, lui dit-elle, la vassale prend-elle le pas sur la suzeraine ?

— Depuis, répondit Crimhilde, que je porte cette ceinture et cet anneau.

A ce geste, Brunehilde jeta un cri et tomba évanouie entre les bras de ses femmes ; quant à Crimhilde, elle entra avec assurance dans l'église et s'agenouilla à la place d'honneur. Mais elle n'y fut pas plutôt, qu'elle se rappela qu'elle avait manqué à la promesse qu'elle avait faite à son mari, et qu'elle calcula avec effroi quelles pouvaient être les suites terribles de sa désobéissance : aussi, à peine le saint sacrifice de la messe fut-il terminé, qu'elle rentra au palais, et qu'ayant été trouver Lyderic, elle le supplia de partir à l'instant même, ne pouvant pas, lui dit-elle, endurer plus longtemps les humiliations que lui faisait subir sa belle-sœur. Lyderic, qui n'était point fâché de mettre un terme à toutes ces dissensions, fixa son départ au lendemain, et se présenta chez Brunehilde pour prendre congé d'elle. Mais Brunehilde refusa de le recevoir, et Lyderic, prenant ce refus pour une nouvelle insulte, au lieu d'attendre le lendemain, partit le soir, sans même écrire à Gunther pour lui apprendre la cause de son départ.

Quelques jours s'étaient écoulés à peine depuis que Lyderic et Crimhilde avaient quitté la capitale des Higlands, lorsque Gunther y rentra, après avoir heureusement apaisé les troubles qui l'avaient appelé dans le nord de ses États. Son premier soin fut de se rendre auprès de la reine ; mais, au lieu de la voir toute joyeuse ainsi qu'il s'y attendait, il la retrouva en larmes, et comme il s'avançait vers elle pour la serrer dans ses bras, elle tomba à ses genoux, en lui demandant vengeance contre Lyderic.

— Qu'a-t-il donc fait ? demanda Gunther étonné.

— Sire, répondit Brunehilde, il m'a insultée gravement, et vous a insulté plus gravement encore ; car s'étant procuré, je ne sais comment, la ceinture et l'anneau que vous m'avez dérobés pendant la nuit, il les a donnés à Crimhilde, en lui disant que c'était lui qui me les avait pris ; et vous savez bien le contraire, monseigneur, puisque vous avez été un an sans me les pouvoir enlever.

Gunther devint très pâle, car il crut qu'il avait été trahi par Lyderic ; et relevant sa femme :

— C'est bien, lui répondit-il, mais n'avez-vous parlé de cela à personne ?

— A personne qu'à vous, monseigneur, dit Brunehilde.

— Eh bien ! continuez d'être aussi discrète, répondit Gunther, et, sur mon âme ! vous serez vengée.

Et Brunehilde, la fière reine, se releva à demi consolée, à la seule idée de la vengeance que lui promettait Gunther.

Cependant, comme Gunther était brave, sa première idée fut de se venger bravement, en accusant Lyderic de mensonge et en l'appelant en combat particulier ; mais aussi, comme il connaissait, pour les avoir éprouvés à son profit, la force et le courage de Lyderic, il résolut de prendre, avant d'en venir à ce combat, toutes les précautions que pouvaient lui offrir la prudence unie à la loyauté. La plus urgente de ces précautions était de se procurer une armure à l'épreuve de la lance et de l'épée ; mais, ne s'en rapportant à personne du choix de cette armure, il se mit un matin en route pour aller la commander lui-même au forgeron Mimer.

Au bout de cinq ou six jours de marche, Gunther arriva donc à la forge, où il trouva Mimer, Hagen et les autres compagnons, qui continuaient de forger les plus belles et les plus fortes armes qui se pussent voir. Gunther leur expliqua minutieusement son armure telle qu'il la voulait, et promit de la payer un tel prix, que maître Mimer et ses compagnons, voulant, de leur côté, faire de leur mieux, demandèrent à Gunther contre qui il voulait se servir de cette armure, afin d'en proportionner la force à celle de l'adversaire, qu'ils devaient connaître, quel qu'il fût, tous les chevaliers de l'Occident se fournissant chez eux.

Gunther répondit que cet adversaire était Lyderic, premier comte de Flandre.

Alors Mimer secoua la tête ; et comme Gunther lui demandait ce que signifiait ce geste :

— Seigneur chevalier, répondit-il, vous avez là une méchante besogne : il n'y a si bonne armure telle qu'il la voulait qui puisse vous défendre contre l'épée Balmung, qui a été forgée sur cette enclume par Lyderic lui-même, et il n'y a si bonne épée qui puisse blesser Lyderic, car il a tué le dragon dont le sang rend invulnérable, et, comme le chevalier Achille, il n'y a qu'une place du corps où on puisse le frapper, car il s'est baigné dans le sang du dragon ; et, à l'exception d'un endroit où est tombée une feuille de tilleul, il a tout le corps couvert d'une écaille qui, toute fine qu'elle est, est plus impénétrable que le plus impénétrable acier.

— Et à quel endroit cette feuille est-elle tombée? demanda Gunther.

— Voilà ce que j'ignore, répondit le forgeron.

Alors Hagen, le premier compagnon, qui, comme on se le rappelle, avait donné à Mimer le conseil d'envoyer Lyderic à la forêt Noire, s'avança et dit à Gunther :

— Sire chevalier, avec les traîtres il faut agir traîtreusement. Si vous voulez me donner la moitié de la somme dont vous comptiez payer l'armure, et donner l'autre moitié à maître Mimer, je me charge de vous débarrasser de Lyderic, et, quand il sera mort, vous conquerrez ses États.

— Et quel moyen comptez-vous employer pour cela?

— Cela me regarde, monseigneur; rapportez-vous en à moi, répondit Hagen.

— Eh bien! soit, dit Gunther; faites comme vous l'entendrez. Voici la moitié de la somme que je comptais mettre à l'armure, l'autre moitié vous sera payée quand vous m'aurez débarrassé de Lyderic.

C'est ainsi que fut fait le pacte entre Gunther, roi des Higlands, le forgeron Mimer et son premier compagnon Hagen.

Le même jour, Gunther repartit pour sa capitale, et Hagen, ayant pris son long bâton à la main, et portant son paquet sur son dos, s'achemina vers le château de Buck.

Il y arriva le troisième jour, et demanda à parler au comte Lyderic; et Lyderic, ayant appris qu'un voyageur demandait à lui parler, ordonna que ce voyageur fût amené devant lui. A peine l'eut-il aperçu qu'il reconnut Hagen, le premier compagnon de maître Mimer.

Comme Lyderic avait une mémoire tout à fait oublieuse du mal, il reçut admirablement bien Hagen, et lui demanda ce qui l'amenait à sa cour.

Hagen répondit que, s'étant pris de querelle avec maître Mimer pour affaires de son état, il l'avait quitté, et que, s'étant résolu d'aller offrir ses services comme armurier à quelque noble seigneur, il avait pensé avant tout à son ancien camarade de forge, et venait en toute humilité mettre ses petits moyens à sa disposition. Or, comme Lyderic savait que Hagen était, après maître Mimer, le premier armurier qui existât, il le retint à l'instant même à son service, et lui confia la surveillance de toutes ses forges et de toutes ses armureries. Cette importante acquisition fut vue de très bon œil par tout le monde, excepté par Peters, car il connaissait le mauvais naturel de Hagen et la haine qu'il portait à son maître; mais Lyderic ne fit que rire de ses inquiétudes, et Hagen fut installé au château dans l'emploi qui avait été créé pour lui.

Quelques jours après, Lyderic reçut de Gunther une lettre qui lui annonçait que l'insurrection avait fait de tels progrès dans ses états, qu'il le suppliait de venir à son secours avec ses meilleurs chevaliers.

A l'instant même Lyderic, oubliant la mésintelligence qui régnait entre les deux reines, ordonna que tout fut prêt le plus tôt possible, et commanda à ses cent meilleurs hommes d'armes de s'appareiller de leur mieux pour l'accompagner dans le royaume des Higlands.

Cet ordre avait répandu la joie dans le comté de Flandre, car, pour ces hommes de fer, la guerre était une fête. Il n'y avait que la vieille princesse et Crimhilde qui, l'une par pressentiment maternel, et l'autre par connaissance du caractère de son frère, virent avec peine cette excursion.

Or, il arriva que Crimhilde ayant exposé assez haut ses craintes pour être entendue de Hagen, celui-ci s'approcha d'elle et lui dit :

— Noble dame, je sais ce qui cause vos inquiétudes : votre époux est invulnérable par tout le corps, excepté en un seul endroit où est tombé une feuille de tilleul, et vous craignez qu'il ne soit frappé justement en cet endroit ; mais si vous voulez faire une marque à son vêtement à cet endroit, je le suivrai par derrière, et j'écarterai tous les coups qui pourraient le menacer.

Crimhilde accueillit cette offre comme une inspiration

du ciel, remercia Hagen, et promit qu'elle broderait une petite croix sur la partie de l'habit qui couvrait la partie vulnérable, afin que Hagen pût défendre cette partie. C'était tout ce que voulait celui-ci.

Au jour fixé, Lyderic et ses cent hommes d'armes étaient prêts; et, selon son habitude, le comte de Flandre n'avait d'autre arme que son épée : il était vêtu d'un pourpoint que lui avait fait Crimhilde, et sur lequel, au-dessous de l'épaule gauche, était brodée une petite croix.

Au moment du départ, Peters vint supplier le comte de ne point emmener Hagen; mais Hagen, dans une guerre, était un homme trop précieux par son habileté à fabriquer et à réparer les armes, pour que Lyderic s'en privât : aussi ne fit-il que rire des craintes de Peters, et constitua-t-il Hagen intendant général de son armurerie.

Lyderic prit congé de sa mère et de sa femme avec sa confiance ordinaire dans la fortune : il avait l'épée Balmung, dont il connaissait la trempe; il avait le fouet d'or du roi des Niebelungen; enfin il avait le casque qui rend invisible : c'était, avec son courage, des garanties plus que suffisantes pour la victoire.

X.

Le comte de Flandre et ses cent hommes marchèrent trois jours, puis ils s'embarquèrent sur des vaisseaux que Lyderic avait fait préparer; de sorte qu'au bout de huit jours de son départ du château de Buck, il abordait dans la capitale des Higlands.

Lyderic fut fort étonné; car, au lieu de trouver les états du roi Gunther dans le trouble et la désolation, comme celui-ci lui avait écrit qu'ils étaient, il les trouva en fête de ce que la révolte était apaisée. Au reste, le roi Gunther attendait Lyderic sur le rivage, et il lui fit l'accueil qu'avait droit d'attendre un ami si diligent à porter secours.

Lyderic trouva tout préparé pour une grande chasse que Gunther donnait en son honneur. Cette chasse devait avoir lieu le lendemain même de son arrivée; de sorte que Lyderic ne fit que coucher dans la capitale du roi des Higlands, et dès le lendemain matin partit avec Gunther pour une grande forêt au centre de laquelle était fixé le rendez-vous. Quant aux cent chevaliers, ils restèrent dans la capitale, et Gunther ordonna aux gens de sa cour de leur faire grande chère, comme lui-même faisait au maître. Hagen et Peters accompagnèrent seuls Lyderic.

Comme la forêt était peu distante de la capitale, on y arriva à sept heures du matin, et l'on se mit en chasse aussitôt; les piqueurs avaient détourné un ours.

Au bout d'une heure ou deux de chasse, l'ours fatigué s'accula et tint aux chiens; alors les piqueurs sonnèrent leurs fanfares et les chasseurs accoururent. Gunther allait le charger l'épée à la main, lorsque Lyderic proposa de le prendre vivant, afin d'en faire cadeau à la princesse Brunehilde. Alors, comme personne n'osait se charger de la capture, il se fit donner des cordes, descendit de cheval, alla droit à l'ours, qui se leva sur ses pattes de derrière. C'était ce que demandait Lyderic : il prit l'animal à bras-le-corps, et, l'ayant terrassé, il lui lia les quatre pattes et le museau, le chargea sur son épaule; et, comme tous les chevaux regimbaient quand on voulait le leur mettre sur le dos, il continua de le porter jusqu'à l'endroit où l'on devait trouver le déjeuner.

Le déjeuner était fidèlement arrivé à son poste, et il était riche et copieux, comme il convenait à des chasseurs affamés. Mais, par un oubli étrange, le vin manquait. Gunther gronda fort tous les serviteurs, qui rejetèrent la faute les uns sur les autres. Mais comme cela ne remédiait en rien à l'affaire, le roi eut l'air de se rappeler qu'on était passé, en venant, près d'une si claire fontaine, que chacun avait voulu y boire. Il ordonna alors aux serviteurs d'aller y puiser de l'eau; mais comme Lyderic était échauffé de son combat avec l'ours, il n'eut point la patience d'attendre, et se mit à courir vers la fontaine. C'était l'occasion qu'attendait Hagen ; aussi le suivit-il, dans l'intention apparente de le servir au besoin.

En arrivant près de la fontaine, Lyderic posa sa lance contre un saule qui l'ombrageait, et, pour être encore plus à son aise, se débarrassa de son casque et de son épée. Il s'agenouilla, et, baissant la tête, il but à même la source. Hagen profita de ce moment, prit contre le saule la lance de Lyderic, et, guidé par la croix que Crimhilde avait brodée elle-même sur son habit, il la lui enfonça au-dessous de l'épaule gauche de toute la longueur du fer.

Lyderic jeta un cri et se releva, puis, quoique atteint mortellement, il saisit Balmung, et, comme un lion blessé et qui épuise sa vie dans un dernier effort de vengeance, il rejoignit Hagen en trois bonds, et d'un seul coup de Balmung il lui fendit la tête si profondément, que les deux parties tombèrent sur chaque épaule. Aussitôt il se retourna et aperçut Peters qui, redoutant quelque trahison, avait suivi Hagen, mais qui était arrivé trop tard : il voulut parler pour lui adresser quelque suprême recommandation, mais il ne put que lui faire de la main signe de s'enfuir, et il tomba mort près du cadavre de son assassin.

Peters comprit qu'il n'y avait pas de temps à perdre, car il était évident que la vengeance de Gunther ne s'arrêterait point là ; il s'orienta donc en jetant un coup d'œil sur les nuages, et, guidé par la direction du vent, il prit sa course vers la mer. Arrivé sur le rivage, comme il vit qu'on le poursuivait, il s'élança la tête la première dans les flots, et, ayant gagné à la nage une des galères flamandes qui étaient à l'ancre, il raconta ce qui venait d'arriver au capitaine, qui donna aussitôt l'ordre d'appareiller, et fit voile vers le port le plus près, qui était celui de Blakenberg.

La désolation fut grande au château de Buck lorsqu'on y apprit la fatale nouvelle. Crimhilde se jeta aux genoux de la vieille princesse en lui demandant pardon, car c'était elle qui doublement avait tué Lyderic, la première fois par son orgueil, la seconde fois par sa confiance. Heureusement Ermengarde était un cœur puissant et religieux ; et, toute brisée qu'elle était à la perte de son fils, elle songea qu'il fallait avant tout se mettre en mesure contre de nouveaux malheurs ; et, ayant fait proclamer à l'instant la mort de Lyderic et la trahison de Gunther, elle appela tous les Flamands à la défense de leur jeune comte ; puis elle envoya un messager au roi Dagobert, en lui faisant savoir le besoin qu'elle allait avoir de son secours.

En effet, huit jours s'étaient à peine écoulés que Gunther débarqua avec une armée considérable dans le port de l'Écluse.

Quelle que fût l'activité qu'eût déployée la bonne dame Ermengarde, la situation n'en était pas moins critique. Les cent chevaliers que Lyderic avait emmenés avec lui, et qui étaient les plus braves de sa principauté de Dijon et de sa comté de Flandre, avaient été faits prisonniers au moment où ils s'y attendaient le moins, sans avoir même pu se défendre ; et le messager envoyé à la cour des Francs avait répondu que le roi Dagobert venait de mourir, et que son fils Sigebert, qui avait hérité de la France orientale, étant en guerre avec Clovis, son frère, qui avait hérité de la France occidentale, il ne pouvait, malgré le grand désir qu'il en avait, distraire aucune troupe de son armée. Les deux pauvres femmes en étaient donc réduites à leurs propres forces, et ces forces, qui étaient peu de chose, étaient encore moralement fort diminuées par l'absence d'un chef qui pût donner de l'unité à la défense.

Cependant Gunther et son armée avançaient toujours : le prétexte qu'il donnait à son agression était que, le jeune comte Andracus étant mineur, il venait, comme son oncle, réclamer la régence de sa comté. Mais comme tout le monde savait qu'il était l'assassin du père, personne ne se laissait prendre à son apparente amitié pour le fils.

Ermengarde et Crimhilde avaient rassemblé autour d'elles, et pour la défense du château de Buck, tout ce qu'elles avaient pu réunir d'hommes d'armes et de serviteurs ; et, sans autre espoir qu'en Dieu, elles priaient age-

nouillées de chaque côté du berceau du jeune comte, lorsqu'on vint leur annoncer qu'un chevalier, sans couronne à son casque et sans armoiries à son bouclier, et qui cependant paraissait familier avec les armes, demandait à être introduit devant elles. Dans une circonstance semblable, aucun secours n'était à dédaigner : Crimhilde et Ermengarde donnèrent l'ordre que le chevalier fût introduit devant elles.

L'inconnu était un homme d'une haute et puissante stature, et qui paraissait, comme l'avait dit son introducteur, familier avec les armes. La visière de son casque était baissée ; mais une barbe blanche qui passait par l'ouverture inférieure indiquait que si celui qui se présentait avait perdu quelque chose du côté de la force, il avait dû gagner du côté de l'expérience. Il s'inclina devant les deux femmes, et, abordant sans détour le sujet qui l'amenait, il leur dit qu'ayant appris la situation déplorable où elles se trouvaient, il était venu leur offrir son secours, espérant qu'il ne serait point méprisé par elles, quelque faible qu'il fût, et offrant, si elles avaient quelque défiance, de jurer sur l'Évangile qu'il était prêt à sacrifier sa vie pour la défense des droits du jeune comte.

Il y avait dans la voix de l'inconnu une telle expression de vérité, que, quoique les deux femmes ignorassent encore si son courage et son expérience répondaient à la confiance qu'il leur avait inspirée, elles acceptèrent ses services, lui disant qu'elles tenaient pour inutile tout autre serment que sa seule parole, et elles lui remirent la défense du château avec le commandement de leur petite armée.

Aussitôt, et comme il n'y avait pas de temps à perdre, le chevalier inconnu salua les deux dames et descendit dans la cour faire ses dispositions.

Là, ayant réuni tout son monde, il vit qu'il pouvait disposer de douze cents hommes d'armes, sans compter les serviteurs et les valets ; et dès-lors, les voyant animés du meilleur esprit, il résolut, quoique l'armée qui venait l'attaquer fût quatre fois plus nombreuse que la sienne, de ne point l'attendre derrière ses murs, mais d'aller au-devant d'elle dans la forêt. En conséquence, il laissa, pour la défense du château, une centaine d'hommes d'armes avec tous les valets et les serviteurs, et avec le reste il s'apprêta à marcher à l'ennemi. Au moment de partir, un vieux garde lui offrit de lui servir de guide ; mais le chevalier inconnu lui répondit qu'ayant été élevé non loin de cette forêt, toutes les routes lui en étaient familières. En effet, aux premières dispositions qu'il fit, les soldats reconnurent qu'il avait une science des lieux au moins égale à la leur, et leur confiance en lui s'en augmenta encore.

Le chevalier inconnu disposa son armée à l'endroit même où, vingt-trois ans auparavant, le comte Salwart avait été assassiné et la comtesse Ermengarde faite prisonnière. C'était un défilé qui semblait fait exprès pour une embuscade, et où deux cents hommes pouvaient lutter contre deux mille.

A peine les dispositions étaient-elles prises, que l'on aperçut l'armée de Gunther, qui, se reposant sur sa force numérique et surtout sur le peu de résistance qu'on lui avait opposé jusque-là, s'avançait pleine de confiance et sans prendre d'autre précaution que de se faire précéder d'une avant-garde. Le chevalier inconnu laissa passer cette avant-garde, puis, lorsque l'armée tout entière fût engagée dans le défilé, il donna le signal convenu, et les Higlands se virent écrasés par des rochers, sans qu'ils pussent même distinguer la main vengeresse qui les poussait sur eux. En même temps, et lorsqu'il vit que le désordre commençait à se mettre dans leurs rangs, le chevalier inconnu les attaqua lui-même de front, avec grand bruit de cors et de fanfares, qui répété par les échos de la forêt, pouvait faire croire à un nombre de soldats triple de celui qu'il avait réellement.

Gunther paya bravement de sa personne ; mais les dispositions étaient trop bien prises pour que la victoire restât longtemps incertaine. Après un combat de deux heures, l'armée des Higlands fut mise en fuite et taillée en pièces, et Gunther lui-même, pressé vivement, parvint à grand'peine à se sauver avec une centaine d'hommes. Arrivé au bord de la mer, il se jeta dans un de ses navires, et, tout honteux de sa défaite, regagna nuitamment sa capitale.

Les vainqueurs regagnèrent le château, rapportant aux deux femmes cette bonne nouvelle, mais rapportant le chevalier inconnu blessé à mort.

Elles allèrent au-devant de leur libérateur, qui, en les voyant s'approcher de lui, leva la visière de son casque, et elles reconnurent Phinard, le vieux prince de Buck, qui, trois ans auparavant, avait fait à Lyderic la cession de ses États, et s'était retiré dans la forêt pour y accomplir la pénitence qu'il s'était imposée. Au fond de sa retraite, il avait appris le danger que couraient les deux princesses et le jeune comte; il avait alors revêtu une dernière fois les armes mondaines pour venir à leur secours. Dieu avait béni son entreprise, et, par un jeu de hasard, ou plutôt par une permission de la Providence, l'expiation avait eu lieu à l'endroit même où avait été commis le crime.

Phinard expira le lendemain, priant les deux princesses de ne pas lui chercher une autre tombe que celle qui avait été creusée miraculeusement pour lui dans la cour déserte pendant la nuit qui avait amené sa conversion.

Il y fut enterré selon ses désirs. Dieu ait son âme !

Quant au jeune comte Andracus, il régna pendant longues années avec joie et honneur, et eut un fils, qui fut monseigneur Beaudoin Ier, surnommé Beaudoin aux côtes de fer.

Ceci est la véritable légende de Lyderic premier comte de Flandre.

FIN DES AVENTURES DE LYDERIC.

www.ingramcontent.com/pod-product-compliance
Lightning Source LLC
LaVergne TN
LVHW022148080426

835511LV00008B/1320